明治大正昭和 判例百話

穂積重遠

河出書房新社

はしがき

□「現代法学全集」に連載した「判例小話」は六十話ほどで中絶したが、その後ポツポツ書き溜めて百話に満ちたゆえ、改題して一冊にしてみた。

□判例研究でもなく、判例批評でもない。「珍しい事件」「面白い裁判」の噂話に過ぎぬ。初めて法律を学ぶ人々の、そしてまた法律は乾燥無味とのみ思い込んでいる人々の、興味を少しなりとも唆《そそ》れば足りる。

□話は百だが、判例は百二十九件引用した。民事七十件・刑事五十九件、大審院百二十二件・下級裁判所七件、明治三件・大正五十六件・昭和七十件と云うような勘定になる。素人《しろうと》わかりのするものを択んだため、民法ことに親族法相続法及び刑法に偏した。

□判例の出所は括弧《かっこ》して示してある。主として「大審院判決録」及び「大審院判例集」である。（「判決録」二七輯民九一頁）などとあるのは前者、単に（七巻刑三〇頁）などとしてあるのは後者だ。その他「法律新聞」及び「法律新報」があるが、それぞれ号数頁数を示した。

□事件に出て来る人名は、何ら名誉にかかわらぬ少数の場合の外は、全部実名を避けて仮名または匿名とした。地名さえも場合によっては遠慮した。
□同じく「現代法学全集」に載せた「法学入門」を巻頭に添えた。これまたすこぶる甘いものながら、法律ないし裁判に対する私の気持ちを知ってから「百話」を読んでもらいたいので。

穂積重遠

昭和七年三月

明治大正昭和

判例百話

◉

目次

判例百話　47

装幀――design POOL（北里俊明＋田中智子）

明治大正昭和 判例百話

法学入門

一　何のために法律を学ぶか

法律を学ばんとされる諸君。諸君は何のために法律を学ばんとするのか。諸君の或る人は云われるだろう。行政科試験、司法科試験等に合格するためにと。諸君の或る人は云われるだろう。自己現在の実際生活に役立てるためにと。諸君の或る人は云われるだろう。国家社会ないし人生を知らんがためにと。法律学そのものの学問的興味のためにと。

私は後の二目的を高尚なりとすると同時に、前の二目的をも決して卑近なりとするものではない。法律を悪用せんがため、または法律をくぐらんがために法律を学ぶのでない以上、どの目的でも結構である。そして法律の研究態度はその目的によって異なるべきでないと思う。即ち試験勉強の熱心と実際問題解決の切実とを以てしなければ、学問的興味も湧かず真理にも到達し得ないと同時に、学問的興味を以て根本原理まで遡らなくては、実際問題も解決出来ず試験も合格覚束ない。私は今ここで法学通論ないし法理学を説こうとするのではない。ただ初めて法律を学ばんとする諸君のために、僭越ながら法律学習の態度について語りたい。

二　現行成文法

法律を学ぶと云うのは何を研究するのか。まず第一に現行の成文法を研究するのである。成文法と云うのは、文字に書き文章として制定された法律で、我国今日の法律の大部分がそれであること、御承知の通りである。しかして一方において成文法だけが法律でないことに常に留意せねばならぬと同時に、我々はまず以て現行成文法の研究から始めねばならぬ。大学における法律の講義も大部分現行成文法の研究である。

現行成文法の種類はすこぶる多く、その分量は莫大である。諸君が普通使用する法規集を「六法全書」と云うが、そのいわゆる六法とは、憲法・民法・商法・民事訴訟法・刑法・刑事訴訟法である。この六法が現行成文法の代表的のものとされ、大学の講義にも法律の講義録類にもこの六法だけはぜひなくてはならぬものとされている。なるほどこの六法は、その内容においても法律各方面の重要部分であり、その形式においても多数の条文を編章節款《せつかん》項と排列した組織的なものので、普通のいわゆる「単行法」に対して「法典」と云われるほどのものゆえ、それに重きが措《お》かれることは当然でもあり結構に相違ないが、成文法がこの六法だけでないと云うことは、もちろんの事ながら、特に注意せねばならぬ。普通行われている六法全書には、右の六法を筆頭として、主要な現行法令が載っているが、六法全書に載っている現行法令くらいは、その題目だけでも一通り目を通しておかなくてはいけない。

三　法律家の聖書

詩人ハイネはローマ帝ユスチニアヌスの法典を「悪魔の聖書」と罵《ののし》ったとか。「悪魔の」だか、「天使の」だかは、その法律の内容によりまたその運用によって定まることで、私はもちろん現代の法律が悪魔的だとは思わず、どうかますます天使的たらしめたいものと祈っているが、それはともかく、私は六法全書を「法律家のバイブル」と呼ばせてもらいたい。はなはだ大形《おおぎょう》なようであり、また両者が全然同一性質だと云うのではもちろんないが、キリスト教徒に取ってのバイブルと、法律家に取っての六法全書とは、大いに似たところがあるからである。キリスト教に入ろうとする人がまず何の本を買いましょうかと尋ねるならば、諸君は必ず聖書と答えるだろう。初めて法律を学ぼうとする人に対しては、私は何を措いてもまず六法全書を買いなさいと云う。そしてもちろんただ買っただけでは駄目なので、聖書は常に座右に置きまた小形バイブルをポケットに入れていなくてはクリスチャンらしからざると同じく、また英語に熱心な人が常にポケット・ディクショナリーを携帯しているが如くに、六法全書を机上に備えまた懐中していなくては、法律家らしくないと云ってよかろう。さらにまた聖書や辞書や六法全書が単に机上懐中の飾り物になってしまっては何にもならぬことは云うまでもない。こう云う話がある。地方の母親が突然上京してその大学在学の息子の下宿を訪ねた。ちょうど息子が不在だったので、その部屋へはいってみて、衣服寝具等が乱雑になっているのに呆れ返り、ホントに仕方のない「じだらく」者だと口小言を云いながら本箱をあけてみて、「それでも感心に本だけは折目も附いていない」と云ったとか。聖書や辞書や六法全書が手摺《ず》れていたからとて、必ずしも熱心な信者だ、英語に堪能《たんのう》だ、一廉《ひとかど》の法律家だとは云えまい。しかし聖書・辞書ないし六法全書に折目も附いていないようでは、テンデ御話にならない。法律学は六法全書に折目を附けるところから始まる。

四　ローマ法を通して

六法全書を聖書と辞書とに譬《たと》えたが、実は六法全書は聖書と辞書との中間にあると云ってよかろう。聖書は創世記第一章「元始《はじめ》に神天地を創造《つくり》たまえり」と云うところ、または馬太《マタイ》伝第一章「アブラハムの裔《こ》なるダビデの裔《こ》イエスキリストの系図」と云うところから始めて、通読復誦すべき性質のものである。辞書は通読すべきものでない。辞書を片端から諳記すると云う勉強家の話もあるが、賢明な方法とは思われぬ。辞書は必要に応じて「引く」べき性質のものである。とところが六法全書は或る程度まで通読すべき性質のものである。もちろんクリスチャンが聖書を読むようにこればかりを読誦すべきではないが、或る法律を学ぼうとするには、まずその法文を、短いものなら全部を、長い法律なら一章一節ずつを、あらかじめ読んでおいてから講義を聴きまたは著書を読むと、理解も興味も増すことと思う。また例えば高等試験の口述試験を受ける場合などに、第一の準備は条文を読んでおくことである。筆記試験の際に充分な勉強はしてあることだから、試験勉強をし過ぎて頭を疲らすよりも、条文に一通り目を通して前後の配置連絡を心に入れ、急所急所を押さえておくのが、何よりの準備である。そうすれば何を問われても安心して根拠ある答が出来る。高等試験の口述試験には条文がそこに出してあるが、大体の見当だけは附いていないと、窃盗罪と云われて刑法第一条から繰ってみねばならぬようなことになる。条文を一々諳記する必要はもちろんないが、重要な条文だけは知っていないといけない。私が担任した或る口述試験の際、次の問を呼び出すキッカケのつもりで、「民法第一条に何とありますか」と尋ねたところ、「私権の享有は出生に始まる」とスラスラと出なかった人が相当に多かった。それは勉強が過ぎて頭が疲れていたためと思うが、民法ならば第一条とか第九〇条とか第七〇九条とか云うような目貫《めぬき》の条文は正確に知っていて貰いたい。これは受験のためだけの話ではない。それでないと一体何の研究をし何の議論をするのかの対象がハッキリせず、いわゆる雲を摑むようなことになってしまう。

次に六法全書は辞書のような作用もするのであって、それがまたすこぶる大切である。私が中学の時英語の先生に云われたことだが、またどの英語の先生も云うだろうが、辞書を引くのを面倒がっては英語が達者になれない。法律についても同じ事で、マメに六法全書を繰らなくてはよい法律家になれない。法律書を読むには、必ず六法全書を併せ開いて、引用されてある条項を一々当ってみるべきである。私は——多くの学者がそうだろうと思うが、——講義をしまたは著書を書くのに、法律に書いてある事はなるべくそのままに云ったり書いたりせず、何法第何条と引用するに止めている。それは冗長を避けると同時に、聴講者または読者になるべく多く勉強の余地を残すためである。即ち聴講者または読者の条文参照を待って講義または著書が初めて完全になるつもりである。それゆえそのまま聴き放し読み放しにされては、大いに目算が違う。また実際問題を解決するにも、条文に当ってみることを忘れてはいけない。それでないと飛んだ間違いをしでかす。老実な商人は簡単な計算でも二一天作の五と算盤を置いてみる。

要するに現行成文法の法文が法律学の出発点である。そのスタートを充分に踏み切らなくてはいけない。眼は遥かに決勝線《ゴール》を望みつつ、一歩一歩をトラックの白線内にシッカリと踏まなくてはならぬ。ドイツの大法律家イエリングが「ローマ法を通してローマ法の上に」と云った。「ローマ法の上に」の問題は後に云おうが、ローマ法の上に出るためにはまず「ローマ法を通」らなくてはならぬ。ローマ法を飛び越えてしまっては駄目だ。現行法の鳥居数をくぐり抜けて初めて法理の奥の院に参詣出来る。

五 「流行遅れ」にならぬよう

六法全書を使用するについて特に注意すべきことは、常に最新版を用いねばならぬことである。それは外でもない。法律は改正されまた新法律が制定されるからである。古い六法全書を用い既に改廃された旧規定を引いて議論をしては、はなはだ間の抜けた話であるのみならず、実際問題の解決だったら大間違いを惹き起す。最新版の六法全書でも、その編輯後に法律の改廃制定があり得るから、法律家は常に官報新聞等に注意して、「流行遅れ」にならぬよう心掛けねばならぬ。法律の制定改正は多く毎年帝国議会の終り頃から一二ヶ月の間に公布されるゆえ、ことに三月四月の官報新聞を注意する必要がある。私は毎年四月の大学の開講には、今済んだばかりの議会でされた法律制定改正の話をすることにしている。法律の制定改正を漏れなく追っ掛けて行くのは、相当むつかしいことで、初学の人にはちょっと出来にくいかも知れぬが、しかしその心掛けだけはなくてはならぬ。ことに何かの問題を解決するために法条を引用する場合には、その法律が改廃されてはいないか、その問題に関する新しい法律が出ていはせぬか、と云うことを一応注意すべきである。

法律が制定または改正されたと云うことについて、今一つ注意せねばならぬことは、新法または改正法の公布とその施行との日が違うことである。法例第一条に「法律は公布の日より起算し満二十日を経て之を施行す」とあるが、実際は同条但書に「但法律を以て之に異なりたる施行時期を定めたるときは此限に在らず」と云う方が多く行われる。そしてその施行時期の定め方は、「公布の日より之を施行す」となっていることもあり、「何年何月何日より之を施行す」となっていることもあり、この二つの場合にはその法律が現在施行されているか否かはそれを見ただけで明白である。ところでまた「施行の期日は勅令を以て之を定む」となっていることも多いのであって、その場合にはその施行勅令が既に出たか否かを調べねばならぬから、特に注意を要する。要するに法律を論ずるにはまず以て、厳格な意味において「現行」の法規がどうなっているかと云うことを確かめねばならぬのである。

六　法律不遡及の原則

民法刑法等の法典には「施行法」なるものが附いていることが多い。主としてその法律の施行前の事件を施行後に処理しまたは施行前後にわたる事件を取扱う準則を規定している。ところで民法施行法第一条には「民法施行前に生じたる事項に付《つい》ては、本法に別段の定《さだめ》ある場合を除く外、民法の規定を適用せず」とある。即ち法律は既往に遡らずと云う原則を言明したのであって、多くの法律がその原則を採っている。しからば民法施行前に生じた事件には民法を適用せずして何を適用するかと云えば、その事件発生当時の法規を適用するのである。それゆえ法律問題を研究解決するには、法律の施行期日と事件の発生年月日とを明確に知らねばならぬ。現行民法は明治三十一年七月十六日に施行された。この明治三十一年七月十六日と云う日は、民法研究者の忘れてならぬ日である。それはわが国民がこの大法典をもつに至った記念日としてだけではない。この日を忘れては民法問題の解決が完全に出来得ぬことがあり得る。明治三十一年以前の事件が今になって問題となることがあるだろうかと疑われるかも知れぬが、親族相続関係または土地問題については云う事が往々ある。親族相続の実際問題を持ち出し、祖父がズット以前に隠居して云々との話ゆえ、ズット以前とは明治三十一年七月十六日より前ですか後ですかと尋ねると、サーそれはと云う次第、それでは問題にならない。問題を法律的に解決するには、関係法律を明確にすると同時に、事件の事実ことにその年月日を明白に知る必要がある。もしそれが現行法施行前の事件だったら、まず施行法中にそれに関する経過規定があるかどうかを見、さらにその事件当時の法規を調査すべきである。

七　法律と命令

現行成文法には「法律」と「命令」とある。法律なる言葉には広狭二義があるが、狭義では「帝国議会の協賛を以て」制定されたのが法律であり、それ以外の成文法即ち勅令・閣令・省令の類が命令である。ところで法律と命令とは、その制定の手続きの鄭重さは違うけれども、また「命令を以て法律を変更することを得ず」と云う効力の相違はあるけれども、既に制定された以上現行法に相違ないのだから、命令だからと云って軽視すべきでないこともちろんである。ことに「委任命令」と云って法律がその規定すべき内容を命令に譲っている場合には、その命令を一所に研究しなくては法律そのものがわからない。例えば工場法の如き、その基本法は法律だが、「職工の雇入、解雇、周旋の取締及徒弟に関する事項は勅令を以て之を定む」（第一七条）と云うような訳で、そのかなり重要な部分が「工場法施行令」と云う勅令に規定されている。そしてさらにその細則は、「工場法施行規則」と云う農商務省令に譲られている。それゆえ実質的の工場法を知ろうと思えば、形式的の工場法即ち工場法と名付けられた法律だけを見たのでは駄目だ。それゆえ法律問題を充分に研究調査するには、六法全書だけでは間に合わぬのであって、例えば内閣記録課編輯の「現行法令輯覧」と云う類の完全な法令集を用いて、勅令省令等を注意深く繰ってみねばならぬ。もっともこの種の大きな法規集を毎年買い替えることは、個人には困ることだが、図書館はもちろん、多少なりとも法律関係の仕事を取扱う事務所の類には、常に最新版の法規集を備えておくべきである。昨今では法規集も多く加除式になり、東京などでは発行元から随時改正部分を差し替えに来てくれるから便利である。

八　普通法と特別法

法律には、「普通法」と「特別法」とあるが、この区別には三種の意味がある。第一は法律が適用される地域に基づく区別で、日本全国に行われる法律が普通法、一地方のみに行われる法律が特別法である。例えば大正十二年の大震災後には震災地のみに行われる特別法が大分出来た。第二は法律の適用を受ける人に基づく区別である。即ちすべての人に適用される法律が普通法で、例えば華族令とか陸軍刑法・海軍刑法とか云うように華族または軍人軍属と云うような限られた範囲の人のみに適用される法律が特別法である。第三は法律の規定事項に基づく区別で、即ち一般の事項に関する法律が普通法、或る特別の事項に関する法律が特別法である。例えば刑法が普通法、治安維持法・爆発物取締規則等が特別法である。この第三の意味の区別が最も問題になる。

これだけはいやしくも法学通論を学んだ者の誰でも知っているところであるが、誰でも知っている筈で割合に注意されないのが、普通法と特別法とどちらが重要かと云うことである。いわゆる六法は普通法だと云ってよかろう。もっともこの区別は実は相対的で、商法の如きは民法に対しては特別法だが、商事法中の普通法なのである。ところで大学で講義があるのもまず以て普通法であって、特別法の講義があるにしても科外講義と云うようなところである。なるほど法律全体から抽象的に見ると普通法が重要に相違なく、また普通法の根本観念がなくては特別法を解し得ぬから、法学教育の順序としてはそうあるべきだろう。しかし具体的法律問題の解決については、特別法の方が普通法より重要である。即ち「特別法は普通法を破る」のであって、その事項につき特別法があればそれがまず適用され、普通法は全然適用されないこともあり、また補充的にのみ適用されることもあるが、もし特別法のあることを知らないで、普通法だけで問題を取扱ったら、とんだ大間違いをしでかす。それゆえ具体的の問題に接したらばまず何かそれに関する特別法がありはしないかと云うことを考えてみねばならぬ。例えば借地借家の問題にぶつかったとすれば、まずその借地の上の借地人の所有建物につき保存登記がされているかと云うことを調べねばならぬ。もしその登記がされていればいわゆる「建物保護法」の適用がある。次にその借地または借家が大正十年勅令第二〇七号・大正十三年勅令第一七三号及び大正十四年勅令第一二五号によって指定された地域、即ち東京市及びその周囲の町村・京都市・大阪市及びその周囲の町村・横浜市・神戸市または名古屋市に在るか否かを注意せねばならぬ。もしそうならば「借地法」または「借家法」を適用すべきである。さらにまたその借地借家が東京府内または神奈川県内の借地法借家法施行区域に在るかどうかを確かめねばならぬ。しかしてもしその地区内の借地借家ならば、「借地借家臨時処理法」の適用がある。しかし昭和十四年五月一日以後はこの最後の問題は消滅する。

かような次第だから、借地借家は賃貸借だから民法だけで済むと思ったら間違うと同時に、借地借家と云ったからとていつでも借地法借家法を持ち出しては駄目だと云うことを、いやしくも法律家たる者は知らねばならぬ。ことに民法と商法との関係は、前述の通り普通法特別法の関係があるのだから、常に注意を要する。例えば民法の法定利率は五分だが商法のは六分、民法の消滅時効は十年だが商法のは五年、と云うような相違が到る処にあるのだから、問題が民事か商事かと云うことをまず確かむべきである。「民商統一論」と云うのがあって、民法商法両法典を統一すべしと主張する。規定を統一するがよいか否かはまだ問題だが、民法商法の学習研究をモットー連絡統一せねばならぬと云うことは疑いない。

九　実体法と手続法

法律についてまた「実体法」「手続法」の区別がされる。実体法とは権利義務の存否性質及び範囲に関する法律、手続法とは権利義務実現の手段に関する法律、と云うことになっており、六法の中で憲法・民法・商法・刑法は実体法、民事訴訟法・刑事訴訟法は手続法と区別される。しかしこの区別は絶対なものではなく、例えば実体法たる民法も多くの手続規定を含んでいる。またこの区別は法律の適用上なんらの実益もない。ただ立法上実体規定と手続規定とはなるべく別の法律にした方がよいと云うくらいのところだ。しかるに或いは実体法を「主法」と名づけて主要なものとし、手続法を「助法」と称して補助的のもののように考える人もないではあるまい。ことに学生諸君に取っては、例えば民法はわかりよくもあり、変化もあり、自身の実際生活にも幾分触れているところから多少の興味をもつが、民事訴訟法はむつかしく無味乾燥で、かつ覗いてみたこともない裁判所の行事なので、面倒臭いものつまらぬものとされやすい。それゆえ民法は勉強するが民事訴訟法はなまけると云うことにもなる。大学でも政治科・経済科・商業科では、民法の講義はあるが民事訴訟法は聴く機会がない。

しかしそれはほんとの事でない。法律発達の由来を遡ってみても、大体において手続法がまず発生発達してそれが実体法発生発達の誘因となったこと、後にまた一言する通りである。その意味からも手続法は尊重されねばならぬ。また現行法についても、手続法を学ばなくては折角の実体法の知識も徹底しない。人の所有物を盗むべきでない。盗品は取返さるべきだ、盗人は罰さるべきだ、と云うことは民法・刑法を知らなくても誰にでもわかる。しかし如何にして盗品が取返されるか、如何にして盗人が罰されるかは、民事訴訟法・刑事訴訟法を学んで初めて知り得る。それゆえ手続法の方が実体法よりも法律らしい法律だ、必要な法律だとも云える。少くも手続法なるがゆえに軽視すべきでない。民法を学ぶには絶えず民事訴訟法・人事訴訟手続法・非訟事件手続法・不動産登記法・戸籍法・供託法・競売法・破産法と云うような手続法を参照せねばならぬ。いやしくも法学生なりと云う以上、選り好みをせずに手続法をも勉強すべきこともちろんである。

一〇　受験の秘訣

ここらで一つ受験の秘訣を伝授しよう。前記の通り受験の秘訣が即ち研究学習の秘訣だからである。しかし秘訣なるものは多くの場合聞いてみると他愛もないものである。或る水泳の名人が決して溺れぬ秘訣を伝授しようと云う。どうぞ願いますと頼むと、足を出させて、膝の下に墨で横に線を引き、「これより深い所へはいるな」と云ったとか。受験秘訣もまずそんなものかも知れない。

受験の秘訣は、今日は何の試験だと云うことを知ることである。何だ馬鹿馬鹿しい、そんな事なら誰でも知ってる。今日は債権法の試験とチャンと時間割にも出ているではないか、と云うだろう。ところが大間違い、そんなことだからいけない。今日は債権法の試験ではない、民法の試験である。イヤ民法の試験でもない、法律の試験なのである。民法を知らなくて債権法の問題に答えることが出来るだろうか。法律そのものを知らなくては、民法の試験に合格覚束ない。

ところが学校の講義はもちろん各法別々である。民法の如きは各編の担任者が違うこともある。試験も物権法の試験・親族法の試験として行われ準備される。そう云う講義を聴きそう云う試験を受けつけた人が例えば高等試験のような民法全体の試験に出会うとたちまちまごつく。高等試験の民法に「取消の意義」と云う問題を出した。すると受験者はすぐに「ハハァこれは総則法律行為の問題だな」と思い込み、そこばかりを詳しく書く。しかしそれでは好い点は取れない。総則にもそれ以外に失踪宣告の取消し・法人設立許可の取消しなどがあるし、債権編には債権者のする取消しや、懸賞広告の取消しや、贈与の取消しがあり、親族編には隠居・婚姻・養子縁組等の取消しがあり、相続編には遺言の取消しがある。それらを網羅対照しなくては「取消の意義」は明白にならぬ。また「共有財産の分割」と云う問題が出たことがある。受験者は物権法の問題と早呑み込みする。しかし組合財産の共有があってそれは組合継続中は分割が出来ず、相続財産の共有があってその分割は相続開始の時まで遡る、と云う風に債権編・相続編まで考え合わせなくては、問題を本当に取扱ったことにならぬ。即ち眼界を広くして大局から綜合的に考察しなくては、問題の適当な解決に到達し得ない。試験問題ならまだしも、実際問題に至っては民法の刑法のと云う限界はない。要するにすべてが法律全体の問題であり、人生全体の問題でさえある。

ところでかように綜合的に大観することが大切であると同時に、問題の中心をハッキリ掴むことがまた大切である。受験の秘訣は何が問われているのかと云うポイントを取りはずさぬことである。写真を撮すにしても背景が大事であると同時に、どこかにフォーカスを合わせる狙いどころがなくてはならぬ。何を写すつもりなのだかわからないようでは傑作とは云えない。「相続と不動産登記との関係を論ぜよ」と云う問題が出たことがある。すると受験者のかなりの部分は「この問題を論ずるには先ず相続の意義及び種類を論ぜざるべからず」と云うので、第一章として長々と相続を論じ、「次に不動産登記を説かん」と云うので、第二章にわが国における不動産登記の主義を述べ、それからいよいよ第三章として「両者の関係」を論ずる段になって、遺憾ながら時間がなくなったと云うことになる。なるほど第一章第二章とされた前提問題が大切で、それを背景としなくては第三章は出て来ないが、しかしこの場合の問題の中心は第三章に在るのだから、そこに精力を集中しなくては駄目だ。これまた受験の秘訣だけではない。綜合と分析とを適当に組み合せ、研究の対象を広くそして狭く観察することが、すべての学問の秘訣である。

二 法律の用語文章

受験秘訣の今一つは、これまた重要にしてしかも平凡な事柄だが、筆記試験の答案が法律家らしい文章で書かれねばならぬことである。法律家らしい文章とは何か。冗長に流れず、簡略に失せず、明白卒直に云わんと欲するところを尽くし、難解ならず曖昧ならず、論理整然としてしかも乾燥無味でない、と云うようにありたい。口語体と文語体と必ずどちらに限ると云うことはないが、いずれにせよ平明達意の文章でなくてはならぬ。要するに法律家の文章と云う特別な文体がある訳ではない。普通文として通用しないようなものは、法律文としても通用すべきでない。

ところが、法律及び法律学が独立し法律家と云う専門家が出来ると共に、法律文なる一種の文体が出来上がりかかった。法律規則類の用語文章を見ても、徳川時代から明治初年のものは大体当時通用の用語文章だったが、明治の法制が段々整頓すると共に、法律文にイヤに堅苦しい独特の型が出来てきた。そして法律文には句読を切らずまた仮名に独音符《にごり》を付けぬと云う習慣と相まって、法律文及び法律家の文章と云うものが一般人の親しみにくいものになってしまった。かく現在の法律文がむつかしいと云うことは、我々一般の生活規則たる法律としては一つの根本的な欠点と云わねばならぬ。私は以前からその事を指摘していたが、あまり問題にされなかったところ、近年に至ってそれが段々と気付かれて来たのであって、大正十五年六月一日若槻〔禮次郎〕総理大臣の名で「法令形式の改善に関する件」と題する内閣訓令が出るに至った。この訓令はすこぶる有意義なものであるから、ここにその全文を掲げて法律家一般の注意を喚起したい。

現今の諸法令は往々にして難解の嫌《きらい》あり。其の原因が内容の複雑なるに存する場合なきにあらざれども、記述の方法より来れるもの亦少からず。自今法令の形式を改善して文意の理解を容易ならしむることに力《つと》むるは時勢の要求に応ずる所以《ゆえん》の道なりと信ず。今此の点に関し特に留意すべき事項を挙ぐれば左の如し。

一　法令の用字、用語及び文体はなるべく之を平易にし、一読の下容易に其の内容を了解せしめんことを期すべし。又現行の法文に於ては特殊なる場合の外独音の仮名を用ひざれども、思想表示の方法を出来得る限り正確ならしめんが為には一般に之を用ふべきのみならず、句読点、括弧に類する符号をも使用して文章の章句段落を分ち、列記せる名詞を区分し、挿入せる語句を明かならしむる等に便すべし。尚送仮名は世間の常例に従ひて之を使用し、略字は一般に通ずるものを採用することを妨げざるべし。右の外難解の漢字、古典的用法に属する仮名は努めて之を避け、旧法令に用ひたる特別なる語句、語法との調和の如きは必しも之に拘泥せずして可なり。

一　従来多数の法令は論理を尚ぶの余り努めて文字を省略したるを以て、其の内容の複雑なるに拘はらず、法文簡約に失したるの傾向あり。故に一二行の法文に対しても数頁に亘るの註釈を要し、又よく之を理解せんとするには往々複雑なる推理を用ひざるべからざるの必要ありて頗《すこぶ》る其の煩に堪へず。しかのみならず其の推理の過程に於て人々見解の差異を生じ為に解釈上の疑義多きを加ふるの弊なき能はず。依りて今後の法文は必ずしも文章の簡約を旨とせず、相当詳細に叙述して及ぶ限り其の内容を明瞭ならしめんことに力《つと》むべし。

一　法文の記述に就きては実用を主とし懇切を旨として其の内容を整理排列すべし。例へば大法典には目次を附し章節を分ち、又複雑なる事項を記述するには表記其の他理解を容易ならしむるの方法を用ひ、更に便宜と認むる場合には或は例示を為し、或は図解を施し、或は法の動機、理由、目的等を明記し、或は標準となるべき書式を附記し、或は関係条文を挙げ、或は当該法令制定の為に旧法の如何なる点が改廃変更せられたるかを示し、尚一団をなせる事項はなるべく一団の法文中に規定することとし、法令には一般に表題を附して捜索引用の便を図り、時には其の表題に仮名を附するも之を憚《はばか》らざる等の点に留意すべし。

以上掲ぐる所は現今の法令形式の改善に関する大綱なり。要するに法令は国民の準行又は利用する所なるに顧《かんが》み、其の理解を容易ならしめんが為に平易明瞭、懇切周到を旨とし、徒らに形式体裁の美に流れざらんことを期すべし。

右の訓令中、従来の法令がややもすれば難解の漢字を用うると云う例としては、警察犯処罰令第三条第二号に「裸体又は肌脱ぎとなり」と云う意味を「袒裼裸《たんせきら》程《てい》し」と遣っているなどが最も甚しかろう。「送仮名云々」と云うのは、「若くは」「及び」「其の」等のくびの等を送るとか送らぬとか云うことをやかましく云わぬと云うのである。また省略簡易に失して一読して意味が分らぬと云う例としては、「共通法」第三条第一項「一の地域の法令に依り其の地域の家に入る者は他の地域の家を去る」などと云うのがある。今後はそう云うことのないようにと云うので、誠に結構な事である。時には法律の表題に仮名を附けてもよいと云うのも面白いことで、表題のみならず読み方に二三あるべき文字には振り仮名を附けるがよいと思う。そうすれば現在のように「借家」が「シャクヤ」だか「シャッカ」だか、「立木」が「リュウボク」だか「タチキ」だか判然せず、人によって読み方が違うと云うような事がなくなるだろう。明治初年の法律に総振り仮名付きのものがある。それは明治七年一月十八日太政官布告第五号であるが、しかもそれは御丁寧にも右側に発音の仮名、左側に説明的の仮名が振ってある。その表題と一箇条とを示すと、左の通りである。

海上《かいじょう》衝突《しょうとつ》予防《よぼう》規則《きそく》《うみのうえつきあたりようじんのきまり》

第《だい》三条《じょう》　蒸気船《じょうきせん》航海中《こうかいちゅう》《とかいのうち》は必《かなら》ず左《さ》の諸灯火《しょとうか》《それぞれのあかり》を標《ひょう》《あげる》すべき事《こと》

甲　前下檣頂《ぜんかしょうちょう》《まえのしたはしらのさき》に白灯《はくとう》《しろとうろう》を標《ひょう》《あげる》す（下略）

乙　右舷《うげん》《おもかじ》に緑灯《りょくとう》《あおとうろう》を標《ひょう》《あげる》す（下略）

丙　左舷《さげん》《とりかじ》に紅灯《こうとう》《あかとうろう》を標《ひょう》《あげる》す（下略）

その上この条について左の如き「附言《ふげん》《つけことば》」が添っている。

檣頂《しょうちょう》《ほばしらのさき》の白灯《はくとう》《しろとうろう》及《およ》び左右《さゆう》《ひだりみぎ》の紅緑灯《こうりょくとう》《あかあおとうろう》を能《よ》く記憶《きおく》《おぼえ》する為《ため》の歌《うた》あり

大船《おおふね》にともすともしび上《うえ》は白《しろ》
みぎはみどりに左《ひだり》くれなゐ

此歌《このうた》を暗記《あんき》《そらんずる》し置《お》くべし但《ただ》しみぎのみの字《じ》はみどりのみの字《じ》なれば覚《おぼ》え易《やす》し、又《また》英《えい》亜《あ》等《とう》《イギリスアメリカ》にては「ポート・ワイン」（ポート産《さん》の赤酒《せきしゅ》《あかざけ》）は赤《あか》しと云《い》ふことを記憶《きおく》すべしと云《い》へり＝是《こ》れ左舷《ポート》《とりかじ》と「ポート・ワイン」の語《ご》よく対《たい》して共《とも》に赤《あか》きを以《もっ》てなり。

実に前掲訓令にいわゆる「平易明瞭懇切周到」を極めたものだ。この布告は船頭漁師も充分に理解せねばならぬ規則ゆえ、特に意を用いたものらしく、平仮名にしたのなどもなるべく親しみのあるようと云うのだろう。今日からみると法律の体を成しておらぬと云うかも知れぬが、しかし確かに法律たるの実を備えていると思う。今日の法律に必ずしも和歌を入れろと云うのではないが、和歌でも入れる位の和らぎがあってほしい。前掲の訓令も結局その精神に外ならぬ。

要するに前掲の訓令は実に私の云わんと欲するところを充分に云い尽くしたもので、私の双手《もろて》を挙げて歓迎賛成したところだが、ただ遺憾な事には、その後出る法令を見ても、訓令の趣旨に従って改良されたと云う程にはどうも目立った成績が挙がっていない。現に句読や濁音符なども、訓令自身が用いたきりで、その後一向行われない。折角の名訓令も生み放しでは何にもならぬと云うことを、この際立法当局者に切言したい。しかして訓令は法令の条文についての話だが、法律に関する論文とか答案とかもほぼ同様の精神で書かるべきである。法律家の文章は、繁簡宜《はんかんよろ》しきを得、情理兼ね備わり、乾燥ならず浮華ならず、法律家らしくしてしかも法律家臭くないものでなくてはならぬ。

序《つい》でに一言するが、法律論をするにはなるべく譬喩を避けたい。「たとえば」と云う言葉に漢字を当てると「例えば」または「譬えば」である。ところで法律論には「例えば」は充分に用いたい。抽象論だけでなしに具体的の事例に基づいて論証することが大切だからである。しかし「譬えば」は宜しくない。「国家は譬えば人体の如し。政府は即ち頭脳にして………」と云うような議論は、はなはだ学問的でなく、論争の場合などには卑怯でさえもあり得る。譬喩が巧妙であればあるほど、人をも欺《あざむ》きまた自らをも欺いて間違った結論に到達しやすい。本稿のような漫談には譬え話も愛嬌であろうし、文章の飾りとして多少は差し支えないが、議論の要点を譬喩で行くことは慎まねばならぬ。

二　慣習法

さて以上で成文法のことを述べた。しかして今日の法律の主要の部分が成文法になっていることも、今まで述べたところで明らかである。それゆえにこそ法律を学ぶ者はまず以て現行成文法を重く視なければならぬと云ったのである。しかしながら成文法無視が不当であると同時に、成文法万能も正当でない。成文法の外に「慣習法」即ち永年の「しきたり」が法律的な働きをするもののあることを忘れてはいけない。古代即ち国家以前の社会及び初期の国家にあっては、慣習法がすこぶる重きをなして、法律の全部または大部分を占めたことを想像し得る。ところが国家が段々と発達しまた文字の使用が普及すると共に、成文法が次第に出来たが、ことに十八世紀末から十九世紀の始めに亘って、一つには諸国家がますます強大となって中央集権国法統一が希望されたのと、一つには「自然法論」が法学界に勢力を占めたことによって、諸国は競って成文法、しかもその最も大規模な法典を編纂することになったのである。ところでこの自然法論なるものは、自然法と云うから慣習法に重きを措きそうに思われるが、実は理想法主義であって、その根本は人為を超越した天地自然の大法が存すると云うのだが、しからばその自然法を如何にして知り得るかと云えば、人間の理性で考え尽くし得ると云うのであり、そして人間はその理性で考え得た法則を充分に文字に書き現わし得ると信ずるところから、結局人間が頭で考え手で書いたもののみが法律だと云うことになり、自然法論即成文法主義と云うことになったのである。これまた中世暗黒時代の夢が醒めて人間と云うものは偉いものだと自覚した一つの現れであるが、随って当時の立法者は成文法万能論で、成文の大法典を施行する以上従来の慣習法は一切不用に帰すべく、将来再び慣習法が発生する余地はないと考えた。即ち当時の成文法たる一七九四年の「プロイセン普通国法」、一八〇四年フランスの「ナポレオン法典」、一七八六年オーストリーの「ヨゼフ法典」、一八一一年の同国民法典等は、いずれも慣習法の効力を否認する旨を明言または暗示している。

しかしながら成文法は決して万能であり得ない。成文法は慣習法と違ってその存在及び内容がハッキリしていてよい。慣習法の様に地方的に区々《まちまち》でなくて、国民の法律生活が統一される。フランス中世の慣習法時代には、フランスを旅行すると駅馬を替えると共に法律が変ると云われたものだ。またフランス革命後または明治維新後と云うような国家組織国民生活の刷新に急な場合には、因襲的な慣習法では間に合わない。それゆえ今日成文法が重きをなすのは当然過ぎる程当然な事だ。しかしながら人間の理性も、自然法論者の自信を裏切って、森羅万象を残りなく考え尽くし書き現わすことは出来ない。成文法を如何にこまかく規定しても、従来の慣習法を全然不用ならしめ得ず、また成文法で如何に厳禁しても、将来の慣習法発生を防止する訳には行かない。事によると成文法が規定している事柄について反対慣習が発生し、成文法を空文に帰せしめることもないとは云えぬ。しかして慣習法の存在及び発生は、単に已《や》むを得ぬ事実だと云うだけでなく、社会生活上必要適当なこともあり得るのであって、成文法の画一厳格がかえって不適当なこともある。尚また学説としてもその後歴史派が勢力を得て自然法論の成文法万能思想を覆えしたので、一八九六年のドイツ民法典は慣習法を排斥せず、一九〇七年のスイス民法第一条は後述の通り慣習法が成文法に対して補充的効力を有する旨を明言した。

それゆえ我が国の法律を学ぶにも、成文法の傍らに慣習法が存在すると云うことを、常に念頭に置かねばならぬが、それは既に「法例」と云う法律の適用を規定した成文法中に明言されているのであって、その第二条に「公の秩序又は善良の風俗に反せざる慣習は、法令の規定に依りて認めたるもの、及び法令に規定なき事項に関するものに限り、法律と同一の効力を有す」とある。即ち「公の秩序善良の風俗」に反する慣習はたとい事実上行われていても法律にならぬと云う制限の下に慣習法の存在が承認されている。しかして成文法の規定している事柄についてはそれに反する慣習法を認めないのが原則になっているが、慣習法が成文法を負かすこともかなり広い範囲で認められた。例えば商法第一条に「商事に関し本法に規定なきものに付《つい》ては商慣習法を適用し、商慣習法なきときは民法を適用す」とあって、商売取引に関する慣習法は成文法たる商法にはかなわないが、成文法たる民法には勝つのである。また民法にも土地に関する規定等に「異なりたる慣習あるときは其慣習に従ふ」と附記してあるものがある（第二一七条・第二一九条第三項・第二二八条・第二三六条）。また「入会《いりあい》」については、民法は入会権《いりあいけん》と云う権利を認めると云うことだけを規定して、その制度の内容は「各地方の慣習に従ふ」と云うことにしている。即ち入会は結局慣習法上の制度なのである。また公法方面にも慣習法があり得るのであって、例えば帝国議会についてては議院法以外に議院の慣例が重きをなす。それゆえ成文法に精通したからそれで法律卒業と云う訳には行かぬのであって、慣習法の研究が実益もあり興味も深い。もっとも慣習の調査研究と云うことは中々困難に相違ないが、断えずそれに心がけていると相当な拾い物もあり得る。例えば学生諸君が休暇に郷里に帰省したり地方を旅行したりする際にも、その地方の土地に関する慣習・水に関する慣習或いはまた婚姻の慣習と云うような方面を多少注意して観察すると、それが慣習法と云う程度のものであってもなくても、法律の解釈及び批判に補いとなり得るし、現在の法律学の最も欠けている一方面を開拓して法律学に一段の面白味を添える効能がある。理科の学生が旅行すれば動植物鉱物等の標本を採集する。地方慣習の採集を試みなくては法学生の旅行らしくない。

一三　法律の解釈適用

かく成文法と慣習法とが並び行われて我々の生活関係が法律的に解決されるのであるが、生活関係の法律的解決即ち具体的事件に対する法律の適用の最も著しいものは、裁判である。それゆえ法律、ことに民法・商法・刑法を学ぶ者は、特に裁判判決の実例即ちいわゆる判例を研究して、民法・商法・刑法が生きて働いているところを観察しなくてはいけない。一九《いっく》の「続膝栗毛」四編の書き出しに「東都の人たま〳〵江之島金沢にゆきて鯛鰈《たいかれい》を追い廻し鰹《かつお》の生きて働くを見しより云々」とある。初鰹に舌鼓打って江戸ッ子がっても、海中にピチピチはねているところを見なくては共に鰹を談ずるに足りない。

さて判例の研究は、裁判所が成文法の規定を如何に解釈するか、慣習法の存否を如何にして認定するか、を具体的の訴訟事件について観察するところから始まる。慣習法認定の問題はしばらく措いて、法文解釈のことをこの際一言しよう。従来裁判所と云うものはすこぶる杓子定規な法文解釈をするもののように思われているが、少くも近頃の裁判所はそんなことはない。言語及び文章なるものは、随分発達しているように思われるが、しかしまだまだはなはだ不完全なもので、我々の云わんと欲するところを過不及なくあらわし得るとは受け合えぬゆえ、法文を文字通りに解釈したのでは、必ずしも法律の真意を発揮し得ず、問題を適当に解決し得ない。私が中学生だった頃、中学校の玄関に——今でも方々にそう云う掲示を見かけるが——「靴草履の外昇るべからず」と書いた木札《きふだ》がかけてあった。すると同級に画の上手な茶目がいて、靴と草履とが制服制帽で大威張りで学校の階段を昇って行くのを人間の生徒が指をくわえて眺めている漫画をかいてその禁札の下に貼り附け、その画がまたすこぶるよく出来ていたので、大問題かつ大笑いになったことがある。なるほどいわゆる「文字解釈」のみで行くとそんなことにもなりそうだ。眼光紙背に徹せねばならぬのは、歴史の書を読むときだけの話ではない。法律とは云えぬほどの極めて卑近な例だが、往来に「車馬止」と書いた立札がある。「馬」とはあるが牛を牽いて通ってもいけないのだと「拡張解釈」もすべきだし、「車」とあるが乳母車は差し支えないと云う「縮小解釈」をすべき場合もあろう。要するに法文は文字を離れずしかも文字に捉われず法律の目的に適う様に解釈されねばならぬのであって、裁判所は常にそう云う合理的な解釈をすることを努めている。

ところが裁判所も時には随分無理な法文の解釈をすることがある。そしてそれが全く間違いである場合には、判決例としてもまた法律学上も何らの価値がなく、やがて論破訂正されることだが、時には法文の上から云うとすこぶる無理な解釈でありながらとうとうそれで通ってしまうことがある。そう云う場合の多くは、法律の規定そのものに無理なところがあって、そのままに解釈適用してははなはだしく常識に反する結果となり、無理な解釈によって初めて規定の無理が救われる次第なのである。例えば、これは親族法の講義に必ず出て来ることだが、民法第七七五条に「婚姻は之を戸籍吏に届出づるに因りて其効力を生ず」とある。それゆえ立派に結婚式を挙げて夫婦生活を続けていても婚姻届が出ない内は法律上の夫婦でない。それなら夫がその場合妻を入籍させずにとうとう振り棄ててしまったとしたら、夫に何らかの責任があるだろうか。責任なしとするとはなはだ道理人情に反するし、責任ありとするには法律上の根拠がない。そこで裁判所は、結婚式は婚姻予約なり、入籍の拒絶は婚姻予約の不履行なり、しかして予約不履行者は損害賠償責任あり、こう云う裁判をする。この説明はすこぶる無理な「こじつけ」であって、学者から有力に批難されたが、しかしその結果が極めて事情に適切であるために、この「こじつけ」論がとうとう動かすべからざる判例になってしまった。文字通りの解釈がそのまま当てはまるなら、一々判例に当ってみるがものはないのだが、こう云う無理にして道理ある法律の適用などがあるから、判例研究が必要もあり興味もあるのである。

一四　自由法と自由画

法律の解釈適用に関連して諸君は「自由法論」と云う言葉に出会われるだろう。今ここではその問題に深入りせぬが、要するに法律を取扱うのに従来のような囚われた概念的な考え方でなしに自由切実な態度で行こうと云う、この二三十年来の新傾向である。ところでまた十数年前に我が国に「自由画」と云うことが云い出され、今日小学生の図画に非常な勢力を示していることは、「自由法」と云うことを知らぬ人でもよく知っていることである。その「自由画運動」の主唱者山本鼎氏は私の旧友だが、先年同氏から「自由画教育」と云う著書を贈られたので、とりあえず読み始めたところ、第二頁から第三頁にかけて、

自由画という標号は、誤解されたり曲解されたりしていけない。或《ある》教育家は、自由画を写生にも記憶にもよらない楽がきのようなものと考えていた。………又或《またある》先生は自由画教育は絶対に生徒を放任するのかと訊いた。「わたしははじめ危険思想と関係のあったものではないかと思って心配しましたよ、展覧会を見てすっかり安心しました。……」と告白した校長さんもあった。まったく都合の悪い言葉である。併《しか》し未だにより適当な形容詞を考えつかない。

自由画と云う言葉を選んだのは、不自由画の存在に対照しての事である。云うまでもなく不自由画とは、模写を成績とする画の事であって、臨本—扮本—師伝等によって個性的表現が塞がれてしまうその不自由さを救おうとして案ぜられたものである。

創造（creation）と云う字が一般に解り易いものならば勿論それが良い、露西亜では自由と云わずに、児童創造展覧会と云っているそうだ。——併し吾が従来の図画教育に対する時、自由画という字はむしろ適切ではないか。自由が不自由に代った時、創造が模写に代った時、はじめて自由という言葉は勇退すべきであろう。

と書いてある。思わず案〔机〕を打って「自由画即自由法」と三歎せざるを得なかった。自由法論についてもちょうど旧式な教育家が自由画に対してもつような誤解をもつ人があるかも知れない。自由画が画法の無視でないと同じく、自由法論は法律の無視でないこと云うまでもない。自由画が実は最も忠実なる写生であると等しく、自由法は「科学的自由探究」による「事物の本性」に基づく「法律の発見」である。自由と云うのは従来の概念的な考え方に対しての自由である。これはこうあれはああと概括予断してしまわずに、本当のところをつかまえようと云うのであって、「自由」即ち「忠実」である。それゆえ成文法の規定に捉われることが「忠実」「自由」でないと同時に、現に存在する法規を無視することも「忠実」「自由」でない。花瓶はこう描くべきものと極め込んでしまってはいけないが、丸形の花瓶を角形に描いてもよいと云うのではない。その花瓶がどう云う背景の前に置いてあってどっちからどう云う光線が当ってどう見えると云うところを描こうと云うのである。法律の研究と云うのは結局社会現象の観察である。それゆえ法文を読んだだけではまだ法律を知り得たとは云えないが、法文の存在そのものがまた顕著な社会現象なのだから、それを無視しては社会現象の観察にならない。法律を学ぶ人はまず社会現象としての法律を忠実に写生することを学ぶべきである。

一五　判例の共同研究

しからば社会現象としての法律を観察する方法は何か。話が元に戻るが、その有力な一方法は判例の研究である。それはもとより全部の方法でもなければ、最良の方法でもない。一切の法律現象が訴訟に現われる訳ではないから、法律の全部を判例によって研究することは出来ず、また判例研究に適する法律の部分でもそれだけで全部なのではない。しかし前にも述べた通り民法・商法・刑法等はすこぶる判例研究に適するのみならず、判例研究なしには到底「活きた」民法・商法・刑法を学び得ない。さらにまた法律が実際生活に働いているところを如実に観察するには、もし新聞が充分に発達しているならばそれを読むのが最良の方法かも知れない。しかし今日の新聞は学問研究の材料となり得るほど正確でなく、また必要の部分が詳細でないから、新聞の三面を読むにも法律学的眼光を以てする心掛けがありたいものではあるが、新聞記事だけで法律学の議論研究は出来ない。そこで法律研究の材料として判例ほど適当なものは差し当り見当らないのである。

「判例批評」と云うことは以前から行われていたが、それと近頃の「判例研究」とは善い意味の「似て非なるもの」だ。以前の「判例批評」は判決理由中にあらわれた裁判所の法律解釈をつかまえてその当否を論評することが主になっていたが、近頃の「判例研究」はその裁判事件の事実そのものから観察してかかり、法律解釈の抽象的当否はもちろん、その事件の具体的問題が果して適当に解決されたかどうかを考え、さらに同種の問題を取扱った幾多の事件を系統的に調べて判例の「動き」を知ろうと云うのである。

ところでこう云う行き届いた判例研究をするには、単独でも出来ないことはないが、共同研究即ち相当な人数が寄り合って判例を種に議論をし合う方法が一番良いようだ。法律書生が寄り合うとすぐ権利の義務のと議論ばかりしてやかましいと悪く云う人もあるが、しかし権利の義務のと云ってやかましいほど議論し合わなくては、法律書生たる値打ちがない。自然科学の方面では共同研究が具合よく行っているようだが、法律学ではそれが一向発達しておらぬゆえ、その意味からも判例の共同研究を盛んにしたいものだ。

判例の共同研究を大学の教室でやるのは、米国で行われている「ケース・メソッド」だが、我が国ではどうもまだ具合よく行かぬ。現在成功している判例の共同研究は、自分達の事を云ってはおかしいが、我々同志が東京帝大法学部研究室でやっている「民事法判例研究会」である。毎金曜午後の定日十数人の会員が集合し、前以て定められている分担に従って「大審院判例集」中の民事判例を順次一件ずつ担当者から報告する。その報告は事件の事実・原被双方の主張・第一審第二審の経過・上告理由・大審院の断案及び判決理由・同種の事件に関する従来の判例・判決に対する報告者の批判に亘ったすこぶる詳細なものであることを常とする。そして報告者以外の会員から賛否各様の意見が出て討論が行われるが、時によると議論に花が咲いて一件につき一時間も二時間も費すことがある。しかしその「費す」と云うのが浪費でないこともちろんである。「三人寄れば文珠の智慧」で、一人で考えては思いも及ばなかった結論に到達することが珍しくない。そこで報告者が記録を作るが、それが法学協会雑誌に連載され、さらに纏められて毎年度一冊ずつの「判例民事法」となり、大正十年以来出ているのである。この仕事が法学界のためにどれだけ貢献するかは知らないが、同人各自にとっては真に文字通りの「切磋琢磨」である。「学ンデ時ニ之ヲ習フ、亦説《ヨロコ》バシカラズヤ」を痛感する。東北帝大からの参加者もあるので、正に「友有リ遠方ヨリ来ル、亦楽シカラズヤ」である。本書を読まれる法学生諸君に御勧めするが、便宜数人の同志相計ってこういう種類の共同研究会を毎週一回位ずつ継続的に開くとよい。台本は大審院判例集を用いてもよし、または「法律新聞」等を用いて下級審の判例を研究するも面白かろう。

一六　判例法

さて我々の研究会の研究録は前記の通り「判例民事法」と題する。以前民法関係の判例のみを取扱った時代には「判例民法」と云ったが、その後商法及び民事訴訟法の判例をも併せて民事判例全部を研究するようになってから、広い題に改称したのである。そしてこの名称は偶然に用いられたのではないので、我々は「判例民法」「判例商法」「判例民事訴訟法」等の「判例法」なるものがあると信ずるのである。そしてそれを発見するのが我々の判例研究の終局目的なのであって、我々の合著は即ち「判例に現われた民事法」の記録なのである。

判例を研究しつつ我々のまず第一に気の附くことは、裁判になる実際問題には、いわゆる「事実は小説よりも奇なり」で、学者が机上で考えては思いも附かないような面白い事件が出て来ることである。私の「判例百話」は判例研究中の興味から生れた副産物であるが、それを読んで頂くと随分奇想天外的な訴訟事件のあることがわかろう。ところで法律を起草制定する人の想像力も到底実際社会の現在及び将来に亘っての森羅万象に及び得ないから、法律は往々抽象的な言葉を用いて具体的各場合を包括せんと試みる。それゆえ具体的の場合が或る程度まで出て来てみないと、抽象的な規定の内容がハッキリしないのである。例えば民法第九〇条に有名な「公の秩序又は善良の風俗に反する事項を目的とする法律行為は無効とす」と云う規定がある。その「公の秩序又は善良の風俗に反する」とは何を云うのか。百の法律学者が百の定義を下しても到底その概念を明白にし得ないが、百の判例を集めて百の具体的解決から分析綜合すると、その輪廓内容が段々わかって来る。我妻〔栄〕教授がかつてその研究を発表した（「法学協会雑誌」四一巻五号）。また例えば民法第八一三条第五号によると「配偶者より同居に堪へざる虐待又は重大なる侮辱を受けたるとき」は離婚の訴えを起し得る。しかし如何なる程度の虐待侮辱が離婚原因になるかと云うことは、結局判例研究によってのみ知り得ることで、私はそれを試みたことがある（「法学協会雑誌」四〇巻三号「離婚制度の研究」七三三頁）。さらにまた例えば民法は「親族会」を規定しているが、それを読んだだけでは現行の親族会制度は浮んで来ない。そこで我々の判例研究会は親族会に関するあらゆる判例を集め「判例に現われた親族会」と題する共同研究を発表した（「判例民法」大正十一年度附録）。要するに法律は成文法及び慣習法だけではない。それと並んでその内容を充実しその欠陥を補充する判例法がある。その研究が実に法律学における未開拓の沃土であって、好学の士の宜《よろ》しく着眼すべきところと思う。

一七　条　理

前段に判例が成文法の内容を充実しまたその欠陥を補充すると云った。内容充実の方はまず宜《よ》しとして、欠陥補充の方については大いに異論があり得る。第一に法律に欠陥はあり得ないと云う議論がある。第二に裁判所は法律を適用すべきもので法律を補充すべきものではないと云う議論がある。しかし議論の当否はしばらく預りとして、実際上成文法に欠陥があることは前にも述べた通り免れ難い事実である。如何に「解釈」と「類推」とで規定を拡張してみても、元来法律の全然予想もしなかった新事実が現に持ち上がって来るのだから仕方がない。そしてそれを法律的に解決せねばならなくなったときに、刑事問題ならば犯罪行為として規定されていないものは処罰しないと云う原則で一応片が付こうが、民事問題においては、裁判官は規定がないからと云って法律的解決を拒む訳には行かぬのであるから、裁判官が何かしら法律よりも一層根本的なものを持って来て法律を補充するのはむしろ当然な事であって、その「根本的なもの」とは即ち「条理」である。しかして裁判官が条理を以て裁判をなし得ることは、我が国においては既に明治初年に認められたところである。即ち明治八年太政官布告第一〇三号裁判事務心得第三条は「民事の裁判に成文なきものは習慣により習慣なきものは条理を推考して裁判すべし」と規定している。この布告はもはや現行法ではないと云う議論もあるが、私は左様に思わぬし、またたといこの規定そのものは既に廃されているとしても、元来が当然の規定なのだから、今日でもその通りに実行されざるを得ない。ところで面白いことには、一九〇七年に制定され一九一二年から施行されたスイス民法――即ち世界で新しい民法の中の一つ――の第一条に「この法律に規定なきときは、裁判官は慣習法に従い、慣習法もまた存在せざる場合には、自己が立法者たらば法規として設定したるべき所に従いて裁判すべし」とあって、誠に適切な規定だと云うので大いに賞讃を博している。しかしこの規定は正に我が明治八年の布告と同じ事を云っているのであって、「自己が立法者たらば云々」と云うのは誠に巧妙な言い廻しであるが、結局「条理」と云うことを説明したに外ならぬ。それゆえ折角の明治八年太政官布告を反古《ほご》扱いにするのはもったいない話で、むしろスイス民法第一条の先鞭を付けたものとして世界に誇るべきである。ともかくも今日の実際上、裁判所は適当な法律規定のない場合に条理を当てはめて裁判をしている。判決理由には元来「民法第何条に依り」と云う風に法律の条文を引用せねばならぬ筈である。しかるに往々判決理由は条文を引用せずして「何々の筋合なるを以て」と云っていることがある。この「筋合」と云うのは誠に味のある言葉で、結局「条理」と云うことである。近頃では判決中に「条理」と云う言葉が見えるようになって来た。即ち裁判所が条理裁判を以て法律裁判を補うのである。例えば「夫に貞操義務あり」と明言した有名な大正十五年七月二十日大審院第一刑事部決定の如き、民法第何条刑法第何条によってと云うのではなく、むしろ民法刑法には反対のような規定があるけれども婚姻と云うことの根本性質上そうなくてはならぬと云うのである。或いはまた判決理由がこれこれの慣習ありと云っているのが、実は慣習ではなくて条理であることもある。要するに法律は条理の現われなのだから、条理が法律として現われていない場合に直ちに根本の条理に遡るのは、むしろ当然と云わねばならぬ。

一八　善き法律家

かくして法律の研究は条理に遡る。条理は「道理」である、「物のあわれ」を知らぬは真の武士ではないと昔は云った。条理に明らかでなくては真の法律家とは云われまい。もっとも「物のあわれ」だけ知って武芸未熟では腰抜武士の誹《そし》りを免れぬと同様、法律を知らずにイキナリ条理では法律家ではない。そこが即ち「ローマ法を通してローマ法の上に」で、法律に通じなくては条理がわからず、条理がわからなくては法律に通じ得ない。西洋の諺に「善キ法律家ハ悪シキ隣人」（Good lawyer is bad neighbour）と云うのがある。「梅が香や隣は荻生惣右衛門」徂徠先生が隣家だと誠に奥床しいが、「弁護士法学博士何某」と云う白い棒杭の突っ立っている近所近辺は何となく物騒だ。ヤレ木の枝がコッチへ出た、それ犬が吠えた、と一々理窟を持ち込まれはしないかと云うのである。しかしそれはとんでもない誤解で、法律は人類共同生活の準則なのだから、「善き法律家」は人類共同生活の適者即ち「善き隣人」でなくてはならず、「善き隣人」でなくては「善き法律家」になれぬ筈である。諸君が法律を学ばれる目的が種々あり得ること、そしてそのいずれの目的でも結構であることは前に述べたが、しかし法律を学ぶ終局の到達点は「善き人」たることであらねばならぬ。「智に働けば角が立つ。情に棹させば流される。」と漱石先生は「草枕」に云う。法律を通して条理に遡り、条理に基づいて法律を活かすならば、或いは角立たずまた流されざる極致に達し得るでもあろうか。

判例百話

第一話　遺骨争い

第一話から死体の話も変だが、いずれ裁判話は殺風景なものと御免を蒙《こうむ》る。

青木源三が女戸主山田アキの所へ入夫婚姻ではいって、山田家の戸主になった。ところが細君に虐待されて実家に逃げ帰り、はなはだ意気地のない話のようだが、妻の無情を怨んで実家で首を縊《くく》って死んでしまった。それは大正十二年十月五日の事である。そして死んでも山田家へ帰してくれるなと云うような遺言があったとかで、遺骸は青木家の墓地に埋葬された。そこで山田家の方から苦情が出て、結局裁判沙汰となり、源三の継子即ちアキの先夫の子で山田家の現戸主たる信雄から青木家の戸主を相手取って、「遺骸引渡請求の訴」と云うのを起した。即ち自分は山田源三の家督相続人で、したがって同人の「遺骸に対する所有権を取得したるにより、右遺骸を管理し永くその祭祀を営まんがためその遺骸を引取り改葬手続きをなすべく」青木家に交渉したが応じないから出訴した、と云うのである。

これに対する被告青木側の答弁は、左の四段に組立てられた。

(1)　遺骸は所有権の目的たるべきものでない。

(2)　仮に遺骸について所有権が成立つものとしても、埋葬後はその所有権を認め得べきでない。

(3) 仮に遺骸が所有権の目的たり得るとしても、それを取得するのは相続によるべきでなく、「無主物先占」によるべきだから、その所有権は山田家の戸主に存せず、故人の死場所《しにばしょ》たる青木家の戸主に存する。

(4) 仮に遺骸の所有権が山田家の戸主に存するとしても、当時故人の妻アキ、現戸主たる信雄その他親族協議の上で墓所を定め葬儀を営んだのであって、しかもその葬儀には信雄もアキも参列したのだから、山田側は故人の遺骸に対する所有権を拋棄したものである。

かくて第一審の水戸区裁判所では原告山田方が勝ったが、控訴審の水戸地方裁判所は、前記(4)の抗弁を採用して青木方を勝たせ、山田方は遺骸に対する所有権を拋棄しているゆえ今更それを主張して遺骸の引渡しを請求し得ないと判決した。

そこで山田方は大審院に上告し、遺骸に対する所有権は拋棄し得べき性質のものでないのに、それを拋棄し得るものと前提して裁判したのは間違っていると、控訴審の判決を攻撃した。その攻撃が図星に当って、大審院は、

「遺骨は……所有権の目的と為ることを得べきものにして、其の所有権は相続人に帰属するものなる……を以て、前戸主の遺骸もまたその家督相続人の所有に帰属し、従《したがっ》てその家督相続人に於いてこれが管理をなす権利を有するものと解せざるべからず。然れども遺骨又は遺骸に対する所有権は事物の性質上他の財貨に対する所有権と大《おおい》に趣を異にし、特殊の制限に服することと論を俟《ま》たず。蓋《けだし》遺骨又は遺骸は単に埋葬管理及び祭祀供養の客体たるに止り、之《これ》が所有権を

認むるも実は叙上の目的を達するが為に外ならず。従て遺骸の所有者は、他の財貨の所有者と異り、其の所有権を抛棄するが如きは之を許さざるものと云はざるべからず。何となれば、遺骨又は遺骸の所有権を抛棄するときは祖先の祭祀供養を廃することと為り、善良の風俗に反するを以てなり。」

と云う判決理由で第二審判決を破毀し、その趣旨で今一度裁判を遣り直せと云うので、事件を地方裁判所に差し戻した。

これが昭和二年五月二十七日の大審院第二民事部判決（六巻民三〇七頁）であるが、まず第一に気の附くことは、事件が随分永引いていることである。前記の通り源三の縊死が大正十二年で、それ以来足掛け五年ゴタ附いて、ヤット大審院判決まで漕ぎ附けたのだが、また遣り直しでこの先なおどの位かかるかわからない。そして今度は山田方の形勢が好くなった訳だが、しかし最後の勝負は必ずしもまだきまったのではない。これでは全く亡魂も宙宇に迷わざるを得まい。こう云う問題をこう云う取扱いにすることそれ自身が、大審院のいわゆる「善良の風俗に反する」ことではないだろうか。そこでこう云う問題は、普通裁判所でなく「家事審判所」とでも云うような特別機関で、純法律的でなく取扱うことにする方がよいのではなかろうかと云う考えが起る。

この事件の解決としては、山田方を勝たせるがよいか、青木方を勝たせるがよいか、判例集に現われた材料だけでは何とも云えない。故人は山田家の戸主だからその墓地へ改葬すべきだとも考えられるし、山田家を怨んで青木家に帰って死んだのであり、かつ埋葬の際山田家の諒解があったのだと云う点からは、そのままにしておくべきようにも思える。その判断は差し控えることして、いずれにもせよ「民法第何条」でこの問題を解決しようとするところに、どうも無理があるようだ。

大審院は、遺骨遺骸は相続によって相続人の所有権に帰する、と云う前提から出発している。これは今始まったことではないので、大正十年七月二十五日の大審院第二民事部判決（「判決録」二七輯一四〇八頁）も同様だ。その事件では、家族たる男の遺骸をその妻子が家の墓地以外に葬ったのに対し、戸主から改葬を要求し、大審院は、その遺骸は遺産相続人たる子の所有物だからどこに葬ろうとその勝手だと云うので、戸主を負かした。大正三年七月二十三日の東京地方裁判所判決（「法律新聞」九九一号二九頁）の如きは、家族たる母が死んだ場合はいわゆる遺産相続だから、子が三人あれば遺骸はその三人が共同相続したもので、その相続分は相均しい、と云っている。そうするとその三子は母の遺骸の分割を請求し得る、と云う結論になって来そうだ。どうも具合が悪い。

なるほど人間も死ねば「物」だろう。しかしその「物」がどうして死者の子の「所有権」に帰するのか。その辻褄が合い兼ねる。死者の所有財産がその子に移転するのなら「相続」だが、人の身体は生前はその人の所有物と云う訳ではない。「偉大な体軀の持主」などと云うが、それはもちろん小説的の形容に過ぎない。その人が死ぬとそのからだは物になるが、その場合を強いて民法的に説明しようとすると、本件の議論中にも出て来た通り、むしろ「無主物」だと云うことになって来る。さりとていわゆる「無主物先占」で死体の所有者がきまると云うのも、誠に以て変な話だ。要するに遺骸遺骨の問題を、相続だとか、所有権だとか、所有権だから拋棄出来るとか出来ぬとか、云うような民法の規定上の観念で解決しようと云うのがそもそも無理なのである。法律は成文法だけではない、慣習法もある、裁判官は法律のみを適用するものではない、条理裁判も出来る、と「法学入門」に云ったのはここだ。遺骨遺骸について誰が喪主として葬儀埋葬の権利義務があるかと云うことは、成文法には規定されていないのだから、慣習法ないし条理の問題として取扱うべきではあるまいか。即ち所有権とか相続とか云わずに解決すべきだ。

第二話　亡父のした身元保証

森栄吉が明治四十三年に山崎銀行の行員に雇われた。その際天野弥之助・岸田三郎の両人が連帯で同人の身元保証人になり、同人の「一身上に関する一切の事を引受け且つ同人の銀行に加えたる損害の全部に付《つき》保証責任を負担す」べき旨の身元引受証書を差し入れた。

栄吉はその後何らの過失なく忠実に職務を尽くしたので、銀行の信用を得、大正三年には出納係に抜擢され、大正七年以後は支配人不在の場合金庫を開閉しかつ銀行の印と支配人の印とを使用する権限を与えられた。ところが栄吉は大正九年の春から大正十二年の春にかけて数十回山崎銀行の小切手を偽造して同銀行から他銀行への預金を引き出し、総計十二万七百四十四円七十一銭を使い込んだ。その後栄吉はその金額の内五万七百四十四円七十一銭を賠償したが、残額七万円は遂に弁償し得なかった。

そこで銀行は両人の身元保証人に対して七万円の賠償を請求したところ、岸田は素直に三万五千円を賠償した。しかるに今一人の天野弥之助は大正元年に死亡しており、その子の玄一郎が相続していたが、その身元保証は父がしたので自分の知ったことではないと争い、遂に訴訟になったところ、第二審の大阪控訴院は、親の負った債務は子に伝わると云う法理で、銀行を勝訴させた。しかるに大審院は昭和二年七月四日の第一民事部判決（六巻民四三六頁）で前審の判決を覆し、身元保証なることは個人的の信用に基づくもので、父が或る人を信用推薦して身元引受けをしたからと云って、子が同様にその人を推薦するとはきまらぬ次第、したがって身元保証の債務は保証人の死亡によって消滅し相続人には伝わらぬのを原則とすべきだと判決した。

身元保証については民法に特別の規定がないので、色々疑問があるのだが、この判決でその疑問の一つが解決されたのであり、しかしてその解決は至極適当と思われる。ところで本件においては天野に賠償の責なしと云うことになると、連帯責任を負っている岸田が結局七万円全額を出さねばならぬことになりそうだ。しかし岸田においてもこの場合果して賠償責任があるのだろうか。岸田が森を銀行に推薦保証したのは下級行員としてだ。しかるに銀行が森を抜擢して出納係にしたのみならず、金庫開閉印形《いんぎょう》使用を恣《ほしいまま》にさせるまでの信用を与え、その結果使い込みも行われたのである。更にまた身元保証をしてから十年間は無事で、その後に問題が起ったのである。それでも身元保証人に責任があるだろうか。身元保証と云うものは、期限においても範囲においても、そんなに無限なものだろうか。それらの疑問も段々と判例で解決されることだろう。

第三話　大阪市の膨脹

大阪市東成《ひがしなり》区放出《はなてん》町所在の土地について借地に関する訴えが起った。しかしてそれを裁判するのに「借地法」を適用すべきか、と云うことが問題になった。
「借地法」は「借家法」とともに大正十年に制定施行された法律だが、日本全国に施行されているのではないので、その「施行地区」は、大正十年勅令第二百七号・大正十三年勅令第百七十三号及び大正十四年勅令第百二十五号によって、左の如く定められている。即ち左記以外の地域の借地借家関係には借地法借家法は適用されないのである。

東京府　東京市
荏原郡ノ内　品川町、大崎町、大森町、大井町、入新井町、目黒町、平塚町
豊多摩郡ノ内　淀橋町、大久保町、戸塚町、千駄谷町、渋谷町、中野町、落合町、代々幡町
北豊島郡ノ内　南千住町、巣鴨町、滝野川町、高田町、日暮里町、西巣鴨町、板橋町、王子町、三河島町、尾久町、長崎町
南葛飾郡ノ内　吾嬬町、亀戸町、大島町、寺島町、砂村、隅田町
南足立郡ノ内　千住町
京都府　京都市
大阪府　大阪市
西成郡ノ内　今宮町、鷺洲町、豊崎町、中津町、伝法町
東成郡ノ内　鶴橋町、中本町、天王寺村
神奈川県　横浜市
兵庫県　神戸市

愛知県　名古屋市

問題の大阪府下放出町はこの内にはいっていない。したがって同地は借地法施行地域でなかったのだ。ところが大正十四年大阪府告示第五十号で放出町は大阪市に編入された。即ち大阪市が大大阪市と膨脹した自然の結果であるが、その結果として放出町が当然に借地法の施行地区になるのか、或いは借地法施行地区たる大阪市は同法施行当時の大阪市なのか、と云うことが問題になったのである。以前台湾が帝国の領土になった当時、帝国憲法が当然その地に拡充されるかと云うことが大問題になったが、それとちょっと似寄りの面白い法律問題だ。

昭和二年十二月二十七日の大審院第二民事部判決（六巻民七三四頁）は、大阪市の行政区画が拡張されれば、借地法施行地区として大阪市もそれだけ拡がるものとの解釈で、前記放出町の借地問題は借地法を適用して解決せらるべきものと断定した。借地法が大阪市に施行されたのは、それが都会地だからであって、その後その近郊が発達して旧大阪市と共通の経済事情を有するに至り、遂に大大阪市として合併されるに至ったのだから、借地法の施行も当然その地に及ぶべきだと云うのである。これに対しては理論上及び実際上の有力な反対論もあり得るが、理論方面は借地法立法の趣旨と云うところで説明が附くし、実際論としては今後借地法借家法の施行のみについていつまでも旧大阪市と新大阪市との境界を記憶区別せねばならぬと云うのは不便極まる話だから、大審院の解決が結局適当と思われる。本件の上告理由中に広島市と岡山市とか云う大都市にも施行されない借地法借家法が、ただ大阪市に編入されたと云うだけで「見渡す限りの田畑」に適用されるのは不公平だ、と云っているのは至極もっともだが、これはむしろ広島市や岡山市にも借地法借家法を施行すべしと云う論拠になるだろう。

第四話　薬瓶の間違い

医師が患者の服薬ヨードカリ水二百グラムを調剤し、薬瓶を自宅患者待合室の卓上に置き、自宅の女中にその薬瓶の所在を告げ、病家から取りに来たら渡してくれと言い置いて外出した。その夜十一時頃になって患者の母親が取りに来たが、その時女中はもう寝てしまっていたのを呼び起されたので、ねぼけて薬瓶の所在を失念し、薬局の棚にあった百グラム入りの石炭酸の瓶を渡したので、翌日未明患者は薬と思ってその十六グラムを飲んだため、間もなく死亡した。そこで患者の父親から医師を相手取って損害賠償請求の訴えを起した。

この事件を常識で判断すれば、正《まさ》に医師の責任で、損害賠償を取られてしかるべきように思われる。第一審の甲府地方裁判所も、第二審の東京控訴院も、この常識通りの裁判をした。ところが大審院は、法律的には必ずしもそうはならぬと云うので、今一度調べ直せと事件を差し戻したのが、昭和二年六月十五日第三民事部判決だ（六巻民四〇三頁）。その法律上の理窟はこうだ。

医師が損害賠償責任ありとされるのは、民法第七百十五条によってである。即ち同条には「或事業の為めに他人を使用する者は被用者が其事業の執行に付き第三者に加へたる損害を賠償する責に任ず」とある。そこで問題は、本件における女中がその医師の「事業の為めの被用者」だろうか、と云うことである。これが薬局生か看護婦だと問題はないのだが、女中だけに多少疑問があるのみならず、ことに本件においては、その家の主人公は医師ではなくて医師の父親らしく、したがってその女中も医師の雇人ではなくて医師の父親の雇人なのだから、その点に充分注意せずに直ちに第七百十五条を当て嵌めたのは「理由不備」だ。

こう云う次第で事件は差し戻されたのであって、それが更に如何に判決されたかは発表されなかったが、たとい右の女中が看護婦でなくまた医師自身の雇人でなくても、もし医師が平生その女中に患者の取次や薬品の取扱いをさせていたのならば、やはり第七百十五条の問題になるだろう。もしまた医師が医業と無関係な不慣れな女中に瓶の取扱いをまかせたのならば、その事自身が民法第七百九条にいわゆる「過失に因りて他人の権利を侵害したる」不法行為になりはすまいか。いずれにせよ医師に責任がないと云うことはなさそうに思われる。

第五話　刀と鞘

或る殺人事件の判決において、犯人が殺人に用いた匕首《あいくち》及びその鞘と袋とを没収する旨を言い渡した。すると弁護士は刑法第十九条に「犯罪行為に供し又は供せんとしたる物」は没収し得るとある以上、刀の没収はよろしいが、鞘と袋とはそれで殺人をした兇器ではないのだから、それらまで没収するとした判決は違法だと上告した。しかし昭和二年八月二十三日の大審院第一刑事部判決は、その上告を斥《しりぞ》けて、

「匕首の鞘及《および》其の袋は其れ自体犯罪の用に供し若《も》しくは犯罪の用に供せんとしたる物に非ざるも、本件犯罪の用に供したる匕首の室及《および》之を包蔵せる袋なれば、匕首の附属物に過ぎず。固《もと》より独立して何等の用を為すものに非ず、所謂従物なりと解すべきものとす。然らば原判決が所論の如

く説示し、主物たる匕首を没収すると共に其の従物たる鞘及袋を没収したるは相当なり。」と断案した（六巻刑二九二頁）。

この結論は正当で、かような「あらさがし」で判決を覆えそうとする被告弁護人の態度は感心出来ないが、ただもし裁判所側の考えが民法にいわゆる「主物」「従物」なることの聯想から出ているのだと、必ずしも適切でない。

民法第八十七条第二項に「従物は主物の処分に従ふ」とあるが、この「処分」と云うのは売買等の法律行為を指し、刀を買った以上鞘や袋も買ったのだと主張し得るのが原則だと云うのである。刀身は買うが鞘や袋は買わぬと云う場合もあり得るので、従物が必ず主物と運命を共にせねばならぬと云うのではない。法律行為でも目的物の占有を要素とする質の如きは、一旦質物として刀身を受取った以上、従物たる鞘や袋もよこせとは云えぬはずだ。古川柳に「置きつけぬ奴《やつ》は羽織に紐を附け」と云うのがある。羽織を質に置くのに、紐が附いていてもいなくても借り得る金額には変りがなく、質屋も紐を附けろとは要求し得ない。そこで慣れた人は紐をはずして羽織を渡すが、質を置き附けぬ者はそこに気が附かぬと云うのだ。

いわんや本件は没収と云う刑事処分だから、「従物」と云う民法的な言葉で説明するのはまずい。むしろ同じく判決理由中に用いてある「附属物」と云う普通の観念で判断すべきだ。しかして犯人がたまたま犯罪の用に供した刀を鞘附き袋入りのまま押収されたから鞘と袋も没収されたのだし、もし犯人が鞘も袋もない抜身を提げて逮捕されたのならば鞘や袋は没収されなかっただろうと、云うだけの話ではあるまいか。

第六話　拇印は捺印か

江口クメと云う女戸主が大正十一年十二月二十七日に病院で病死し、法定または指定の家督相続人がない、即ち跡取りがきまっておらぬと云うので、親族会が招集され、大正十二年一月十二日に江口スミを家督相続人に選定する旨の決議があり、相続届も出た。

ところが故人の従兄弟《いとこ》なる金沢勇吉が右の家督相続人選定に対して異存を唱え、親族会員たりし三名の親族を相手取って「親族会決議不服の訴」を起した。その言い分によると、江口クメはその死亡の数日前即ち大正十一年十二月二十三日に病院で民法第千七十六条の規定による遺言書を作り、その遺言によって金沢自身が家督相続人に指定されている、と云うのだ。段々調べてみるとなるほどそうらしい。そう云う事になると、前記の親族会決議は指定の家督相続人があるのに家督相続人を選定したと云うことになって、無効たるを免れない。

そこで被告たる旧親族会員側では、問題の遺言書のアラを捜し出してこれに対抗した。民法第一〇七六条によると、

「疾病其他の事由に因りて死亡の危急に迫りたる者が遺言を為さんと欲するときは、証人三人以上の立会を以て、其一人に遺言の趣旨を口授して之をなすことを得《う》。此場合に於ては、其口授を受けたる者之を筆記して遺言者及他の証人に読聞かせ、各証人其筆記の正確なることを承認したる後之に署名捺印することを要す。」

と云うことになっており、右の遺言書もその規定通りに作られているのだが、ただ一つの問題は、

立会証人の一人の名の下に拇印が捺してあることだ。被告側はそこをつかまえ、拇印では「捺印」と云うことにならぬから、遺言書は民法第千七十六条に定めた要件を完備しておらず、したがって無効であると主張し、第一審及び第二審ではその抗弁が採用されて、原告側の敗訴になった。しかるに大審院は大正十五年十一月三十日第二民事部判決（五巻民八二三頁）で上告を容れて前審判決を破毀し、拇印で差し支えないと云う判決をしたが、その判決理由は誠に条理整然たるものゆえ、それを口語訳にして御目にかけよう。

「民法第千七十六条がいわゆる特別方式の遺言を規定したのは、疾病その他の事由で死亡の危急に迫り自筆の遺言をなし得ない場合にもなお本人の意思を尊重して有効な遺言をすることを得させるためである。しかしてそれに種々の要件を設けたのは、遺言を口授された者が遺言の趣旨を矯《た》めたりまたはそれを増減変更したりするような弊害を予防するために外ならぬのであって、そう云う心配のない限りは出来るだけ遺言を有効ならしめようと云う立法の趣旨であること明白である。元来拇印は我国で従前から捺印の代用として使用されて来たもので、捺印のように印鑑とくらべ合せると云うことが簡易ではないが、指紋によって拇印者の異同真偽を明瞭に鑑別することが出来るのみならず、他人の拇印を使用して文書を偽造すると云うようなことが印形《いんぎょう》を使う場合に比して極めて困難だから、確実な点では捺印に勝るとも劣らない。ところで特別方式による遺言をするのに三名以上の立会い証人が遺言書に署名捺印することを要すとしたのは、遺言を確実ならしめるためだから、その証人が捺印し得ないために拇印を以てこれに代えたとしても、確実を期待する立法の趣旨には少しも違背しない。その上実際の有様をみると、我国では予め遺言をしておく風習がまだ普《あまね》く行われず、死に瀕してから遺言をする者が多く、その場合には臨終の床に侍する身寄りの者に遺言を口授するのが常であるが、これら身寄りの者はもっぱら看護に集まっているのだから、遺言書作成に必要だろうと云うので印形を用意携帯しているなどと云うことは、むしろ考え得ない。それゆえ臨終に際し口授によって遺言書を作っても立会証人たるべき者が印形を持っていないので遺言書に捺印が出来ぬと云うことが起るのを免れ得ない。ことに病院その他住宅以外の場所で死亡する場合にそうである。その場合に拇印でも差し支えないと云うことになれば世話はないが、捺印が絶対に必要だと解すると有効な遺言をなし得ないこととなり、立法者が特別簡易な方式を定めて臨終に際しても遺言が出来るようにしようとした趣旨の大半が実際上没却される結果を生ずる。それは立法者が期待したところとは云えまい。それゆえ民法第千七十六条の立会証人の署名捺印と云うのは署名拇印でもよろしいと云う趣旨だと解すべきである。」

誡に行き届いた説明である。これは法律問題になった訳ではないが、かの乃木将軍の有名な遺言書には単に「希典」と署名して花押《かおう》があったと思う。これまたやかましく云うと「氏名を自書し之に捺印することを要す」と云う民法第千六十八条のいわゆる「普通方式の遺言」の要件を具備せぬと云うことになるかも知れぬが、今回の判決の論法で行くと、乃木将軍の自筆遺言書たることを確実ならしめるに足る以上「希典花押」で充分だと云うことになりそうで、それが正当だと思う。刑事訴訟法第七十四条には花押または拇印を以て捺印に代えて差し支えないと云うことが規定されている。

第七話　捕らぬ狸と捕った狸

「捕らぬ狸の皮算用」と云う諺があるが、これは捕らぬ狸で狩猟法違反の罰を食った話だ。狩猟法施行規則第二条によると、狸の猟期は「十二月一日より翌年二月末日迄」と云うことになっている、と云うことをまず念頭においてもらいたい。或る人が十一月二十三日に畑の柿の木に狸が登っているのを見つけ、弾を込めて猟銃を向けて狙ったが、多分狸が遁げたためだろう、そのまま発射せずにしまった。ところがその行為が狩猟法違反で告発され、第一審第二審で有罪と判決された。そこで上告して、猟銃を向けて狙っただけでは、百年千年それを続けていても捕獲と云う結果を生じようがないのであって、猟銃に弾込めするとかまたは弾込めした猟銃をかついであるいたとか云うのと同じである、目的たる鳥獣に向かって銃弾を発射したのでなくては狩猟をしたと云えない、と抗弁した。しかし大審院は、目的物に対して弾込めした銃を擬した以上は既に捕獲行為に着手したものと云い得ると判決して、上告を棄却した。――大正十五年六月三日大審院第二刑事部判決（五巻刑二三六頁）。

ここにまた狸を捕って問題になった事件がある。或る人が大正十三年二月二十九日（大正十三年は閏年だった）に山林で狸二頭を発見し、射撃しつつ追っかけたところ、狸が面食らって附近の行き詰りの岩穴へ逃げ込んだので、占めたとばかりその入口を石塊で閉塞して逃げられぬようにしておき、一旦帰宅して三月三日に再び同所に出かけ、石を取りのけて穴の中に鉄砲を打ち込み、狸が飛び出すところを猟犬をけしかけて咬み殺させた。ところが前記の通り狸の猟期は二月末日までなのに、三月三日に狸を取ったと云うので、狩猟法違反問題が起り、第二審でも有罪と判決したが、被告人は狸を捕獲したのは三月三日ではなくて二月二十九日であると主張し、問題の獣を狸とは思わなかった、狢《むじな》と思った、と弁解して上告したところ、大審院はその上告を容れて原判決を破毀し、自ら事実審理を行って被告人を無罪と判決した。その判決理由は大体左の通りであるが、けだし「大正大岡捌《さば》き」の一つに算《かぞ》うべき名判決と思う。――大正十四年六月九日大審院第一刑事部判決（四巻刑三七八頁）。

「被告人は自然の岩穴を利用し狸に対して事実上の支配力を確得し確実に所謂『無主物先占』をしたのであって、この事実は狩猟法に所謂『捕獲』に外ならぬものと解すべく、而《しか》して右の捕獲は大正十三年二月二十九日に完了したのであるから、狩猟法施行規則第二条に定められた狸の狩猟期間中の行為で、少しも違法でない。三月三日に至って猟犬に狸を咬み殺させたのは、其時《そのとき》に狸の捕獲行為を完了したのではなくて、適法な捕獲行為完了後に於《おい》て獲物の狸を処分したのだと云った方が当って居る。それ故被告人が狩猟禁止期間中に狸を捕ったと云う公訴事実は結局証明されなかったことになる。」

「次に本件の獣は十文字の斑《ぶち》があり、被告人の地方（宇都宮）で通俗『十文字狢』と称するものであって、被告人は狸ではないと確信して捕獲したものであること疑ない。学問上の見地からすると狸と狢とは同一物であるとしても、（本件の鑑定人として大学の川瀬博士は左様に述べて居られる）それは動物学上の知識を有する者にして初めて知り得ることで、却って『たぬき』『むじな』と云う名称は古来並存し、普通に両者は区別があるものと考えて居るのだから、もし所謂狢をも捕らせない積りならば、狩猟法中に狸なる名称中には狢をも含むことを明かにするだけの注意をするのが当然のことである。単に狸とだけ書き放して置いて、狢と狸とは別物だと信じた人を罰する如きは、決して当を得たものと云えない。それ故本件の場合に、法律で捕獲を禁ぜられた狸であると云う認識を欠いた被告に対して犯意なきものとして其行為を不問に附するのは、もとより当然と云わねばならぬ。以上いずれの点から論じても、被告人に対して無罪の言渡《いいわたし》をなすべきものである。」

第八話　養母と実父

戸主誠一とその妻サトとの間に子がなかったので、その家の家族になっている戸主の弟礼二の長男義太郎を養子にした。その後誠一が死んで、義太郎が家督を相続し、戸主になった。ところで義太郎はまだ十二三歳の子供なので、親権者が附く訳だが、その親権者は誰か、実父の礼二か、養母のサトかと云うことが問題になった。

それはもちろん養母さ、と手軽に答えられそうだ。ところが法律の文字通り押して行くと、反対の結論が出る。即ち民法第八七七条に「子はその家に在る父の親権に服す」「父が知れざるとき、死亡したるとき、家を去りたるとき又は親権を行うこと能はざるときは家に在る母之を行ふ」とある。この法文の「家に在る」とか「家を去りたる」とか云うのは、住宅のことではなく、籍のことであって、即ち「家に在る」とは「同一戸籍内に在る」と云うことだ。しかして父母でもその子と同一戸籍内にある父母でなくては親権者になれないのであるが、同一戸籍内に父と母とがある場合には父が親権者だ、と云うのだ。そこで本件の場合に、実父礼二は「家に在る父」だから「家に在る母」たる養母サトに先んじて親権者たるべきだ、と云う結論が出て来る。実父側ではしきりにそれを主張した。

しかし裁判所は第一審も第二審もその主張を斥《しりぞ》け、大審院も昭和三年二月二十九日第四民事部判決（七巻民八九頁）で養母を勝たせた。民法が父と母とどちらが親権者かと問題にするのは、一対の父母についての話で、実父と養母または養父と実母との先後を論ずる積りではない。実父母と養父母とどちらが親権者か、と云うのは別問題だ。実父母と養子に遺った子と親子の縁が切れる訳ではない。しかし民法第八六一条に「養子は縁組に因りて養親の家に入る」とあって、実親は「家に在る父母」でなくなって親権者たるべき資格を喪い、養親が「家に在る父母」になって親権者たるべき資格を得るのが普通だ。本件はたまたまいわゆる「戸内縁組」なので、実父は依然として「家に在る父」であり、親権者たり得る資格を全然喪ってはしまわぬが、養母が在るならその方が先に親権者たるべきこと、養子制度の精神から考えても明白だ。かかる近親の間でこう云う明白な問題を大審院まで持ち出して繰返し争うことは、はなはだ面白くない。相談に与《あずか》る法律家が心すべきことと思う。

第九話　実子と養子

養子の話が出たついでに、実子を養子にしたと云う事件を紹介しよう。

岡田忠三は岡田正義の嫡出三男だが、親族なる岡田雄次の養子となってその家に入り、雄次の死亡によりその家督を相続して戸主になった。ところが実家の跡取りの男子が皆死んでしまったためであろう、忠三が実家へ帰ることとなり、まず岡田要作なる親族を家督相続人に指定し裁判所の許可を得て隠居した上で（民法第七五三条）、実父正義と養子縁組をした。しかるに正義の孫にして忠三の姪なる岡田マサ子なる者があって、おそらく忠三が復帰しなければ正義の家督を相続する望みがあると云う利害関係でもあるのか、正義・忠三両人を相手取って養子縁組無効確認の訴えを起し、実子を養子にすると云うが如きは無意義無効であると主張した。

なるほどちょっと考えると、実子を養子にすると云うのは意味をなさぬように思われる。しかし法律上「養子縁組」と云うのは単に「子にする」と云うだけではないのだ。民法第八六〇条に「養子は縁組の日より養親の嫡出子たる身分を取得す」とある。同第八六一条には「養子は縁組に因りて養親の家に入る」とある。即ち養子縁組と云うのは「家に在る嫡出子」にすると云うことなのだ。（この「家に入る」とか「家に在る」とか云うのは、必ずしも同居のことではなく、入籍のことであり、「同一戸籍内の」と云うことである。）そこで実子でも嫡出子でないもの、即ち庶子または私生子を、養子にすることによって嫡出子に昇格させ得る。また嫡出子でも他家の籍にはいっている者は、養子にすることによって実父母の「家に在る嫡出子」にすることが出来るのである。単に籍に入れるだけなら、わざわざ養子縁組などせずとも、民法第七三七条によって入籍させ得るではないかと云うかも知れぬが、同条による入籍者は民法第九七二条によって家督相続の順序が後廻しになるから、本件の如く特に跡取りにする目的で呼び戻すと云うような場合には具合が悪い。そこで本件では、第一審第二審とも、裁判所は岡田正義と同忠三との養子縁組を有効と認めて岡田マサ子の主張を排斥し、大審院も昭和二年七月七日の第一民事部判決（六巻民四四三頁）で「実父は他家に在る嫡出子と養子縁組を為すことを得ざる理由条理上存すること無く、また斯る縁組を禁止したる何等の法規存在せず」と宣告した。

第一〇話　五十万円の拾い物

松岡伊平なる人が大正十四年八月二十七日午後零時四十分頃東京市麴町区呉服橋内の往来で大した拾い物をした。それは額面五十万円の横線小切手で、同日三菱銀行振出し、支払人は日本銀行となっている。そこで松岡はその足で三菱銀行に行ってその旨を届け出たところ、その小切手は正《まさ》に同銀行が振出して早川ビルブローカー銀行に交付したものであることがわかった。三菱銀行はじかに早川銀行に電話で通知したので、同銀行から行員が来て松岡からその小切手を受取り、それは三菱銀行に返還してさらに同銀行から同一額面の小切手の振出しを受けた。しかして早川銀行は即日松岡の留守宅に人を遣って松岡の妻に封金五十円を差し出し、松岡の妻は何のためだかわからずにその金を預った。それが松岡を憤慨させたのでもあろう、松岡は早川銀行を相手取って報労金二万五千円請求の訴えを起した。

松岡の主張はこうだ。早川銀行は三菱銀行からの電話で初めて小切手の遺失に気が附いたのであって、全く松岡の行為によって五十万円の損失を免れたのである。しかして遺失物法第四条に「物件の返還を受くる者は物件の価格百分の五より少からず二十より多からざる報労金を拾得者に給すべし」とあるから、五十万円の百分の五即ち金二万五千円の支払いを受けたい。

早川銀行の答弁はこうだ。問題の小切手は横線小切手即ちいわゆる「線引き」のもので、その支払いを受けるには銀行の手を経て呈示せねばならず、拾得者が直接に支払いを受け得ないものであり、しかも早川銀行は松岡が拾得の届け出をした前に既に遺失に心附き、支払人たる日本銀行に対してその旨を通知して支払いを拒絶するよう注意し、他方振出人たる三菱銀行に対しても遺失の旨を申し出《い》で代りの小切手を発行してもらったのであるから、松岡の拾った小切手は無価値のものである。それゆえ報労金を支払う義務はない。

これに対する裁判所の見解は、遺失された小切手は額面だけの価値はないが、それがたまたま善意無過失の第三者の手に渡って結局遺失者の損失になることがないとは限らぬから、無価値とは云えないと云うのである。そこで問題は、しからば右五十万円の遺失小切手の価格を何円に見積もるかと云うことになる。第一審の東京地方裁判所は右の小切手の価格を額面の五分の一即ち金十万円と見積もり、したがって報労金はその百分の五なる五千円と判決した。しかるに第二審の東京控訴院は、小切手が「線引き」だし、額面が莫大だから取引が慎重にされるだろうし、第三者が善意で取得すると云うようなことは稀有だろうと云うので、小切手の価格は十分の一なる五万円で充分だとし、報労金を金二千五百円と判決した。それに対して双方不服で上告したのであるが、大審院第一民事部は、松岡が小切手を三菱銀行に届けるまで早川銀行が遺失に気附かず危険防止の何らの手段を採らなかったのか、或いはその際既に遺失の善後策を講じていたのか、それによって遺失に基づく損害発生のプロバビリティーが違うのであるから、その先後が小切手の価格を決定する重要な標準であるのに、その先決問題を決定せずに漫然五万円だ二万五千円だと断定したのは、審理不充分の非難を免れぬと云うので、前審の判決を破毀して事件を控訴院に差し戻した。小切手が拾われたのは大正十四年八月二十七日、この差し戻し判決は昭和三年二月二日（七巻民三三三頁）、ざっと二年半でまた蒔き直しだ。一体いつになったら落着することか。

同様の事件が以前にも一回あった。それは額面十五万円の小切手を拾ったと云う事件で、原審は遺失小切手を無価値と判決したのを、大正十年十二月二十六日大審院第二民事部判決（「判決録」二七輯民二一九九頁）が破毀して差し戻し、さらに控訴院の判決と大正十一年十月二十六日大審院第二民事部判決（一巻民六二六頁）とを経て、右遺失小切手の価格は額面十分一の一万五千円と見積もられ、報労金は金七百五十円と判決された。

第一一話　私生子の母

笠原順造が大正十一年十月四日に山沢トキを養女とし、爾来《じらい》トキは順造方に居たが、大正十二年十月七日トキは私生子ミチ子を分娩した。ところが同年十一月十三日トキは生後三十七日のミチ子を笠原家へ置き放しにしたまま実家に帰ってしまったので、順造がミチ子を養育していたところ、大正十三年八月七日幼児は遂に死亡した。そこで順造はトキに対して立替金請求の訴えを起した。ミチ子は元来トキが養育すべきものである（民法第九五五条第二項）のを、順造が養育したのは、民法第六九七条にいわゆる「義務なくして他人の為めに事務の管理」をしたのであって、養育料が立替えになっているゆえ、それを払ってくれ（民法第七〇二条）と云うのである。その金額は、養育料一日一円の割合で二百六十八円、療養費九円七十銭、合計二百七十七円七十銭である。

この事件で、原告側は「屡々《しばしば》被告に対し速かに右ミチ子を養育すべき旨要求したるに、被告は之に応ぜずして一回の哺乳すら為さず、原告は止むなく該幼児を養育し居りたり」と主張し、被告側では「原告は被告を虐待して同居するを得ざらしめ、且《かつ》幼児の引渡を背《がえん》ぜざりしにより、被告が養育せざりしものなれば、被告に不履行の責なし」と争ったが、そう云う細目の議論にはいる前に、第一審の岡山区裁判所も、控訴審の岡山地方裁判所も、トキはミチ子の母にあらず、したがって扶養義務なしと云う理由で、原告を敗訴させた。ミチ子は現にトキが産んだ子に相違なく、被告もそれを争わず、裁判所もそれを認めている。しかるにそれが母でない子でないと云うのは、何とも奇怪千万な話だが、そこにはこう云う理窟がある。

民法第八二七条に「私生子は其父又は母に於て之を認知することを得《う》」とあり、また第八三五条に「子……は父又は母に対して認知を求むることを得《う》」とある。即ち私生子とその父母との法律関係は認知届けまたは認知判決のみによって定まる、と云うのが通説である。これは私生子とその父とについては現行制度上議論がないようだ。そこで大正十年十二月九日大審院第一民事部判決(「判決録」二七輯民二一〇〇頁)は、既に父についてしかる以上、母の場合はしからずと云う理由はない、と断定した。即ち私生子とその母との関係も認知によってのみ生ずる、と云うのである。

ところが私生子の母が認知届けを出すと云うことは、棄児が後に母にめぐりあった場合等の外は、実際上あまり行われない。そこでさらにこう云う事件が起った。私生子の母がその法定代理人として父と目指す男に対して認知請求の訴えを起した。証拠歴然逃げ路がないので、被告は苦しまぎれにこう云う抗弁をした。「汝はその子を認知したることとなし、ゆえに法律上その子の母でない。したがって法定代理人として認知の訴えを起す資格はない。」すこぶる詭弁のように聞こえるが、前記の判例から来る当然の結論である。ところがその事件ではその子の出生届けが母の名で出ていた。そこで大正十二年三月九日大審院第一民事部判決（二巻民一四三頁）は、「戸籍法第八三条によれば父の庶子出生届は認知届出の効力を有する。母の私生子出生届については、同様の規定はないけれども、均しく出生届だから同様の効力を生ずべきである。即ち本件出生届をした母は其私生子を認知したものと云うべきである」と判決した。

ところが今回は私生子の母が認知届けもしていなければ出生届けもしていないと云う事件が起って来たのだ。即ち本件のミチ子の出生届けは母たるトキが出したのでなく、戸主たる順造の名で出ている。そこで第一審第二審の裁判所は従来の判例の趣旨を尊重して、前記の通りトキとミチ子とは法律上の母子にあらずと判決したのである。

しかし現在その母親が産んだ子がその子でないと云うのは、如何にも変な事で、早い話がもし難産で私生子を分娩するとすぐに母が死んでしまったと云うような場合には、その子は母の遺産を相続することが出来ない。また仮に女が私生子を産んでおきながらこれは我子でないと頑張ったら、誰がその子の法定代理人として認知の訴えを起すのだろうか。この分り切った事のために親族会招集・後見人選任、しかして認知の訴えと云う手続きをせねばならぬのだろうか。原告側は上告においてすこぶる有力に原判決を攻撃した。そこで昭和三年一月三十日大審院第一民事部判決（七巻民一三頁）は、トキがミチ子を「分娩したるものなる以上」扶養義務は免れ得ない、と云う趣旨で原判決を破毀して事件を原裁判所に差し戻した。初め私生子の母は認知なくば母にあらずと断定した大審院が、次には認知なくとも出生届けにて可なりと譲り、今度は自ら出生届けを出していない私生子の母も扶養関係においては母たるを失わずと譲ったのであって、法文の文字を楯に取った裁判所が事実の前に一歩一歩退却の形である。この次には私生子とその母との親子関係は分娩の事実によって生ずると、思い切って兜を脱いでもらいたい。

第一二話　妾腹の子を嫡出子出生届

関連のある話をついでに今一つ。

「戸籍道徳」とでも云うべきものがどうも充分でなくて、好い加減な届けをする人があって困る。これもその一例だ。明治四十三年九月二十八日谷田信太郎とその妾小沢ハマとの間に賢一と云う男子が生れたが、信太郎はそれを自分と妻カネとの間の嫡出子として出生届けをした。おそらくカネの了解を得てのことであろう。しかるにその後信太郎は死亡し、賢一はまだ未成年者なので、カネがその親権者と云うことになっている。ところでカネが賢一の法定代理人として坂井宗重に対して預金返還請求の訴えを起した。坂井はそれに対する防禦として前記の事実を証明し、賢一を嫡出子として届け出たにしても、その届け出が虚偽である以上、たとい戸籍簿にはそう記載されても、嫡出子関係を生ずべきでないのはもちろん、それは認知と云うことにならぬゆえ、賢一と信太郎との間には庶子とその父との関係を生じない。したがってまた信太郎の妻カネと賢一との間には嫡母庶子の関係を生じないのであって、カネは賢一の親権者たり得ないから、賢一の法定代理人として訴訟を起す資格はないと抗弁した。第一審たる東京地方裁判所はこの抗弁を採用して訴えを却下したが、東京控訴院は、反対の見解を採った。即ち嫡出子として出生届をしても嫡出子にはならぬが、自分の子であることを認める意思だけは含まれているのだから、私生子認知の効力を生じ、賢一は信太郎の庶子となり、したがってカネは嫡母として賢一の法定代理人たり得る、と云うのである。大審院もこの見解を容れ、「妨訴抗弁」を斥《しりぞ》けて、大正十五年十月十一日第一民事部判決（五巻民七〇三頁）で被告側のいわゆる「妨訴抗弁」を斥けて、債権関係の本問題を審理させるため事件を差し戻した。

ここに一つ注意を要することは、右の虚偽の嫡出子出生届が私生子認知の効力を生ずるにしても、それが適法行為になると云うのではない。本件の届け出は明治四十三年のことであるが、その頃行われていた旧戸籍法の第二一五条には「自己又は他人の利を図り若《も》しくは他人を害する目的を以て身分又は戸籍に関し詐欺の届出若くは申請を為したる者は、十一月以上四年以下の重禁錮又は二円以上百円以下の罰金に処せらる。」とあった。大正四年から施行の現行戸籍法にはこれに相当する条文がなく、第一八〇条に「戸籍の記載を要せざる事項に付き虚偽の届出を為したる者は、一年以下の懲役又は百円以下の罰金に処す。」とあるだけである。それなら「戸籍の記載を要する事項」について虚偽の届け出をするのは無罪かと云うと、もちろんそんな事はないはずで、刑法第一五七条の「公務員に対し虚偽の申立を為し義務権利に関する公正証書の原本に不実の記載を為さしめたる者は、二年以下の懲役又は百円以下の罰金に処す。」と云う規定中に含まれるから、戸籍法の方には規定しなかったのである。さしたる事と思わずに虚偽の届けをする人も随分あるようだが、民法上も種々厄介な問題を後に残し、また刑事問題にもなり得る重大事だと云うことを知ってほしい。

第一三話　社債償還の抽籤をせぬ会社

某会社が大正七年八月六日に「満三ヶ年据置其の後五ヶ年間に毎年抽籤《ちゆうせん》に依り金二十万円宛《ずつ》を償還」と云う約束で無記名社債を発行した。即ち大正十一年八月六日までに第一回の抽籤をせねばならぬはずであるのに、会社はその抽籤を実行せず、したがって償還をしないので、社債権者の一人から社債償還請求の訴えを起した。これは有名な事件で、法律上及び実際上すこぶる困難な問題を含み、学者実際家の意見も区々《まちまち》になっている次第だが、それにつき詳細に議論することは本書の任務でない。ここにはただその事件について試みられた三様の解決を紹介するに止める。

（一）民法第一三〇条に「条件の成就に因りて不利益を受くべき当事者が故意に其条件の成就を妨げたるときは、相手方は其条件を成就したるものと看做《みな》すことを得《う》。」と云う規定がある。社債償還のための抽籤は正確な意味の条件ではないけれども、抽籤を行うべき債務者が故意にそれを行わないのは、民法第一三〇条の場合と区別すべき理由がないから、同条をこの場合に準用し、社債権者は自己が抽籤に当ったものと看做して償還の請求をすることが出来る。これが本件第一審大阪地方裁判所の判決である。この見解から更に二様の結論を生ずる。一は社債の全額百万円が弁済期に達したものと看做して、各社債権者が即時に各自の債権全額の償還を請求し得ると云うのであり、他は第一回に償還すべき二十万円に対して各社債権者が按分的に償還を得ると云うのである。前見解は会社に酷なようだが、後見解では訴えを起した社債権者にとり民法第一三〇条の保護を受けたと云うことにならぬ。彼は当籤すれば全額の償還を受け得たはずだからである。

（二）社債権者は会社に対して抽籤を執行すべきことを訴求し得るが、抽籤もなきに償還を請求することは出来ぬ。これが本件第二審大阪控訴院の判決である。なるほど会社は抽籤を実行する義務があるのだから、社債権者がそれを訴求し得るに相違なく、しかして裁判所は会社に抽籤の執行を命ずるであろう。ところが会社が素直にその判決に服して抽籤を行えばよいが、判決にもかかわらず抽籤を行わなかったらどうするか。民法第四一四条第二項「債務者の費用を以て第三者に之を為さしむることを裁判所に請求する」と云ういわゆる「代執行」の方法によるつもりであろう。これについては理論上も実際上も大分問題があるのだが、その通り行われ得るにしたところで、社債権者の一人が訴訟を起し強制執行を促して、しかも抽籤の結果自分に当らず他人が当籤した日には、それこそ「犬骨折って鷹に取られる」類である。即ちこの救済方法は、当然であると同時に迂遠千万と云わねばならぬ。

（三）抽籤を行わぬ会社は契約上の義務不履行の責任を負うべし。これが本件に対する大正十四年二月二十三日大審院第一民事部の判決である（四巻民七六頁）。義務不履行の責任とはどう云う事だろうか。まず第一に損害賠償と云うことが考えられるが、抽籤をしないため各社債権者がどれだけの損害を受けたと云うことがちょっと計算出来まい。そこで結局各社債権者は一応催告の後契約を解除し、社債払込金の返還を請求し得る（民法第五四一条第五四五条）と云うことになるのであろう。これについても異論はあり得るが、比較的最も無難な解決法ではなかろうかと思う。

第一四話　持廻り決議

新聞によく「持廻り閣議」と云うことが出ている。大臣連が参集して閣議を開かずに、原案の書類を各大臣に廻して印を取り、それで閣議が成立したことにするのである。こう云う持廻り決議なるものの効力如何は相当問題になり得ることで、例えば帝国議会市町村会等では絶対に持廻り決議を認めぬこと云うまでもない。持廻り決議が実際上頻繁に行われるのは親族会であるが、その効力が遂に大審院の問題になった。

戸主が死んで定まった跡取りがないので、親族会の招集が申請され、管轄区裁判所は三名の有資格者を親族会員に選定し、一定の期日一定の場所に親族会を招集する旨の決議をした。ところがその期日には二名きり出席せず流会になったが、その後会員外の者が前戸主の妻を家督相続人に選定する旨の決議書を作り、各親族会員の居宅を持ち廻って調印を求めたところ、一人は調印を拒んだが二人が調印したので、それで決議が成り立ったものとして、家督相続届を済ませた。そこでまた他の親族から親族会員を相手取ってその決議は無効なりと云う訴えを起した。しかるに大正十二年四月二十五日大審院第三民事部判決（二巻民二六六頁）はその主張を容れず、持廻り決議は決議の手続きとして違法であるけれども、適法に選定された親族会員がその資格を以てした決議だから親族会の決議に相違なく、これに対して民法第九五一条の「不服の訴」で争うのは格別、その決議が当然に無効とは云い得ない、と判決した。

この判決に対しては大いに議論があり得る。親族に関する民法及び非訟事件手続法の規定は、文字の上から充分にハッキリはせぬけれども、寄合って相談させる趣旨と思われる。また会議そのものの本来の性質から云っても、各自意見を交換して後初めて議決に到るべきもので、盲判を捺すべきものではあるまい。それゆえ大審院も持廻り決議は親族会決議の手続きとして違法だと云ったのである。ところで手続きが違法ならばその決議は無効なるべきはずであるのに、大審院はその決議は違法だけれども無効ではないと云う。それでは有効かと云うと、そうでもない。民法第九五一条の訴えで攻撃され得ると云っている。矛盾不徹底なようだが、そこにまた面白味がある。

手続きが違法ならば内容は差し支えなくても決議は必ず無効だとか、手続きが適法ならば内容は不当でも決議は必ず有効とか、どっちかに片附けてしまうことが出来るなら苦労はないが、手続きは間違っていたが無効にするにも及ばぬ場合もあり、手続きに欠点はないがどうも困る決議もあり得る。そこで民法第九五一条「親族会の決議に対しては一ヶ月内に会員又は第九百四十四条に掲げたる者（会議を要する事件の本人・戸主・親族・後見人・後見監督人・保佐人・検事又は利害関係人）より其不服を裁判所に訴ふることを得《う》」と云う規定が活きて働く。即ち親族会そのものの組立てが適法でなかったと云うような根本的の救うべからざる欠点がある場合は別とし、手続きに多少の欠点があった位の場合は当然に無効とはせず不服の訴えの起るのを待ち、また適法な決議でも内容が不当である場合——例えば家督相続人として選定された人が人物としてはなはだ不適当であると云うような場合——には不服の訴えを許すのである。そこで持廻り決議についてて考えると、民法はそれを許すつもりでなかったらしく、また会議の性質上も許さるべきものでなかろうが、民法が親族会の決議を要するものとしている事柄にも場合によっては一々寄合って相談するほどでもない問題もあり、また必ず寄合わねばならぬと云うことにするといつまでも埒の明かぬ場合もあるから、そこで持廻り決議を一応は成立させ、一ヶ月内に誰も不服を申し立てなければそのまま確定とし、不服の訴えが起ったら裁判所がその手続きの欠点と実質の当否とを考え合せて適当に裁断すべきである。例えば持廻り決議ではあるが会員一同賛成で大して議論のあるべき問題でない場合には、裁判所は不服の訴えを却下するだろうし、本件のように問題も重大で会員の一人は不賛成と云うような場合には、裁判所は持廻り決議の多数決は不当なりと云うのでその決議を取消し、今一度会議を開いて熟議すべきものとすることもあろう。要するに本件の大審院判決は、矛盾のようで必ずしも矛盾でなく、不徹底なようで相当徹底している。

第一五話　鶴屋と云う商標

甲の足袋《たび》屋が普通の楷書体に書いた「鶴屋」と云う文字を商標として登録した。ところが同地方に数十年来鶴屋と称しその商号の登録を受けている乙の足袋屋があった。甲の足袋屋の登録した商標の使用によって不利益を被ることが少なくないと云うので、特許局に商標登録無効審判を請求した。即ち「鶴屋」と云う商標は普通の文字を用い普通の読み方をするので、一般に使用される商号と異ならぬゆえ、商品区別の標識となすに足らず、商標法第一条第二項に「登録を受くることを得べき商標は文字図形若《もし》くは記号又は其の結合にして特別顕著なるものなることを要す」とある、その「特別顕著」と云うことにならぬと云うのである。

しかるに特許局は、本件登録商標の「鶴屋」と云う文字はハッキリした呼び声と外形とを有し、同一商品に使用する他の商標と比較対照して自他商品を区別する能力を有するものであるから、「特別顕著」なるものと云い得ると判断し、姓名屋号商号として使用されるものでも商標として使用し得ない理由はないと説いて、乙の鶴屋の主張を排斥した。

そこで乙の鶴屋は大審院に上告し、甲の鶴屋の商標は普通の楷書で世間通例の文字そのままを商標としたに過ぎず、形の上でも何ら特別の点がなく、また「鶴屋」と云う名称も一般に姓氏屋号または商号として使用されるところで、そのままでは商品の標識とならぬ、要するに「特別顕著」と云う要件を欠いている、と争った。大正十二年五月二十六日大審院第三民事部判決（二巻民三三二頁）はその上告を容れ、大体左の趣旨の判決理由で乙の鶴屋に有利な判決をした。

「商標であると云うことに世人の注意を惹くような構成を有するものでなくては、特別顕著なるものと云い得ない。それゆえ世間に類例の多い氏名商号等の文字を商標とする場合には、普通と違った書体を以てしなければ商標として注意を惹き難いから、特別顕著なるものではなく、登録を許すべからざるものである。明治三十二年の旧商標法第二条第六号には、『普通に使用せらる氏名商号会社名若《もしく》は組合名を普通の書体に依り記載するものは登録を受くることを得ず』と云う規定があった。明治四十二年の旧商標法及び大正十年の現行商標法にはその規定がないけれども、その趣意を改めたものではないと解するのが相当である。鶴屋と云う文字は普通に使用される商号として世上に類例の多いものだから、『鶴屋』と云う登録商標がもし普通の書体で記載した文字であるならば、登録を無効とすべきである。」

第一六話　湖面を高めない義務

安積《あさか》疏水普通水利組合と云う水利組合がある。福島県安積岩淵両郡の各一部に対し猪苗代湖から五百川《ごひやくがわ》によって流下する水を引き灌漑用に配給するのを目的とする組合であるが、その事務の一つとして、猪苗代湖の吐口たる日橋川《にっぱしがわ》十六橋《じゅうろつきょう》水門の開閉を管理している。しかして明治十六年同水門設置当時政府の制定した水利取締規則により、組合は解雪期及び大雨洪水の際には水門を開放して「湖面を六尺二寸以上に高上せざる義務を負担」している。ところが組合は猪苗代水力電気株式会社から維持費として二万円を受取り、組合の負担すべき十六橋水門改築費全部を会社から支出させ、かつ毎年金五百円ずつを継続支出させ、その代り同会社の発電用の便宜のために水門を開閉することを約束し、水門の開閉にも事実上同会社社員を使用して、なるべく湖面を高めるように努めていた。しかして大正九年五月初旬の洪水の際、水利取締規則に定めてある通りの水門の開閉をしなかったため、湖面が六尺二寸以上に高まり、湖辺の田畑に侵水させ、堆肥を流失させた。こう云う主張の下に、湖畔田畑の所有者十名から水利組合を相手取り、組合の不法行為による損害賠償請求の訴えを起した。

しかるに組合側では、同組合は水利組合法によって設立された公法人で、水門の開閉も公法人の行政事務の執行に外ならぬ。したがってそのために原告等に財産上の損害を加えた事実があるにしても、行政法上特別の規定がない限り、損害賠償の義務はない、と抗弁した。しかして控訴院はその抗弁を是認して原告の請求を斥《しりぞ》けたのであるが、大審院は上告を容れ、左の趣旨の判決理由で原判決を破毀した。

「公共組合は特定の公共利益を目的とする法人であって、その事業は同目的を達するために法律または定款によって定められており、したがってその業務もまたその目的の範囲内においてのみ存するものである。それゆえ公共組合が、公共の利益を目的とせずにもっぱら私人の利益を目的とする契約をその私人と締結し、その契約に基づいて事務を執行したならば、それは公法人としてなすべき行政行為でない。もし本件の水利組合が、その目的たる灌漑用水の排給事業に関係なくもっぱら一商事会社の利益のために湖水増瀦《ぞうちょ》の契約を結び、その契約に基づいて水門の開閉を行って、湖水を増瀦させた事実があるならば、その行為は公法人としてなすべき行政行為でない。」

これが大正十二年六月二日大審院第三民事部判決（二巻民二六一頁）であるが、法律学上は公法人に賠償責任ありやと云う重要問題であり、水利問題としては農事と水力電気事業との利害の衝突であって、すこぶる面白い問題である。しかして大審院の解決は事情に適しているようだが、理論に至ってはどうも充分辻褄が合っていない。問題の出発点は、水利組合は公法人かと云うことだが、これは公法人だと云うことに学説も判例も一致している。しかして一方には国家その他の公法人は不法行為の責任を負わぬと云う通説があるので、控訴院は、「公法人は賠償責任を負わず」「水利組合は公法人なり」「故に水利組合は賠償責任を負わず」と云う三段論法を用いたのである。しかし本件の原告をこの三段論法で追っ払うのははなはだ酷なので、大審院は問題の行為が水利組合本来の目的たる行政行為でないと云うところをつかまえて、それだから不法行為になり得ると結論したのである。そうするとまた困ることは目的外の行為に対して法人が何故責任を負うかと云う難問にぶつかる。法人はその目的の範囲内においてのみ存在するものだと云うことがこれまた通説になっているゆえ、水利組合本来の目的に反した本件の如き行為については、水利組合が責任を負うべきでなく、その行為をした業務執行者個人の責任に帰すべきだ、と云う有力な議論が出て来そうだ。そこで結局「公法人に不法行為の賠償責任なし」と云う大前提が間違っているのではないかと云う問題になって来る。その問題を取扱って国家賠償責任論にまで遡るのは本書の分に過ぎているが、公法人ことに国家がその不法行為によって損害賠償責任を負うことを国家の威厳に関するように思う人のために、『論語』の一句を引いて置く。『論語』子張第十九に子貢の言として、「君子ノ過チヤ日月ノ食（蝕）ノ如シ。過ツヤ人皆之ヲ見ル。更《あらた》ムルヤ人皆之ヲ仰グ。」とある。この句の「君子」を「国家」と置き替えてみたい。もし国家が或いは裁判官の誤判により或いは行政官の手落ちによって損害を受けた人民に充分な賠償を与えるならば、国家の光はかえって蝕後の日月の如く眩《まばゆ》く輝くであろう。（刑事補償法制定前執筆）

第一七話　フィルム火事

広島逓信局書記某が、同局の命により、各地に出張して活動写真で簡易生命保険及び郵便貯金奨励の宣伝をすることを担当していたが、大正十二年一月二十八日尾道市役所及び尾道郵便局連合主催で同市尾崎町尾崎倶楽部に宣伝会が開かれたのに臨み、活動写真を映写していた。ところが同夜七時頃停電があって会場の電灯が消えたので、書記は点火した裸蠟燭一本を持って来させ、それを映写室へ持込んで、映写機の近くに置いたまま、機械の点検や油差しをしていた。すると蠟燭の火はたちまち映写機に取附けてあった千四百呎《フィート》のフィルムに燃え移り、劇しい音を立てて燃え上がった。しかしそれは暫時で消し止めたが、何しろ闇黒《あんこく》中に火焰が凄まじく燃え上がったことだから、来場していた多数の会衆は、「火事だ火事だ」と叫んで、周章狼狽我先にと外へ出ようとした。ところが会場は倶楽部の二階で、一個所の階段があるだけなので、人々はその一個所の階段に殺到し、押し合いへし合い大混乱に陥り、或いは階上の窓から飛び下りた者などもあった。そのために十九名が圧し潰されて窒息して死に、二十一名は「打撲傷・骨折・打撲による表皮剝創・下顎歯打折・胸背部の打撲による外傷性肋膜炎」と云うような傷害を受けた。

そこで右の書記は刑法第二一一条「業務上必要なる注意を怠り因《よつ》て人を死傷に致したる者は三年以下の禁錮又は千円以下の罰金に処す」と云ういわゆる業務上過失殺傷罪で有罪判決を受けたので、それを不服として上告し、失火は即座に消し止めたのであって、死傷を生じたのは主催者が場所の選定を誤ったことと会衆の無理解な混雑とに基因し、被告の不注意に帰せしめ得ない、と争った。しかし大正十二年八月二十四日大審院第一刑事部判決（二巻刑六八七頁）はその上告を棄却したのであるが、その理由は、失火はたといしばらくで消し止められたにしても、そもそもその失火は被告が業務上必要な注意を怠った結果であり、しかして多数の死傷を生じたのは会衆がその出火に驚いた結果である、被告はそう云う結果を予見しなかったのであろうけれども、それは予見し得べきものを予見しなかった過失なのだから、被告の業務上不注意の所為《しょい》と被害者の死傷との間には明白に因果関係が存在する、と云うのである。

本件は刑法問題だが、もし右十九名の死者の遺族及び二十一名の負傷者から損害賠償を請求したらどうだろうか。書記個人に賠償責任のあることもちろんだが、書記個人からでは充分の賠償が取れそうもないから、被害者はその書記の使用者たる郵便局即ち国家、及び主催者として会場を選定した尾道市に対して損害賠償を請求することとなろう。そうすると第一六話の事件と同様国家その他の公法人に不法行為損害賠償責任ありやと云う問題にひっかかる。さらにまた停電をした電灯会社には責任がないだろうか。この騒動のそもそもの原因は停電であり、また多くの死傷者を生じたのは停電中で場内が暗かったためもあろうから、電灯会社にも責任がありそうだが、停電すればこの騒動が起ると云うのが普通の現象ではないのだから、停電と死傷との間にはいわゆる「相当因果関係」がないと云うことになり、電灯会社からは損害賠償が取れそうもない。この事件において広島逓信局なり尾道市なりがどんな慰安方法を講じたか知らぬが、被害者が法律上の権利として請求し得るのは書記個人に対してのみで、実際上天災と諦めて泣き寝入りの外なかろう。人災を天災として泣き寝入りにさせることが、果して正当な事だろうか。たとい過失があるにせよ、書記一人に民刑の全責任を背負わせて、書記に活動写真宣伝を命じた国家が知らん顔をしていてよいものだろうか。国家が鉄道を経営している場合には、汽車が人を轢けば国家が損害賠償をする。郵便や簡易保険事務だと吏員の行為に対して国家が責任がないとはこれ如何に、と一問答せざるを得ない。

第一八話　怪しからん番頭

第一七話の事件において逓信局書記の行為につき国家が責任を負うと云う法理がもし成立つとすれば、民法第七一五条「或事業の為めに他人を使用する者は、被用者が其事業の執行に付き第三者に加へたる損害を賠償する責に任ず。但使用者が被用者の選任及び其事業の監督に付き相当の注意を為したるとき……は此限《このかぎり》に在らず。」と云う規定が適用されるはずだ。国有鉄道の機関手の過失で人を轢き殺した場合に国家が賠償責任を負うなどはこの規定による。それゆえ同条適用の事件を一つここに並べておこう。

旅客が旅館に泊り、電報為替を受取ろうと思って受持ちの女中に相談したところ、女中が番頭を連れて来たので、旅客はその番頭に金額合計六百円の電報為替証書四通及び印形《いんぎょう》を渡して、為替金の受取り方を委託した。ところが番頭は郵便局から右の為替金を受取ったままそれを持逃げしてしまった。その後その番頭は捕らえられて横領罪で裁判されることになったが、金はほとんど全部費消していたので、旅客は右の番頭に対する横領事件に附帯して旅館の主人に対する損害賠償請求の私訴を起した。しかるに控訴院はその請求を斥《しりぞ》けたが、その理由は、民法第七一五条が適用されるためには、被用者の行為が使用者の事業の範囲に属しまたはそれと関聯して一体をなして不可分の関係にあらねばならぬ、番頭が電報為替金受領方の委託を受ける如きは、旅店営業自身に属しその営業のために必要な行為と云うを得ないのみならず、右旅館の主人が営業上そう云う行為までもするように番頭に命じた事実がない、と云うのであった。

しかし大審院はそれと見解を異にし、大正十二年七月十日第一刑事部判決（一二巻刑六四三頁）は、「旅店が本業の外《ほか》旅客のためにその金品を保管し、郵便物の発送または受領をなし、車馬を註文し、手荷物を運搬し、乗車券を購買する如きことは、その営業に牽連する附属的業務として旅店営業の範囲に属すべきものである。それゆえ原審が為替金受領方の委託を受けることを旅店営業の範囲に属しないと断定したのは誤っている。しかし旅店の使用人の地位及び職務によっては、旅客がその用事をその使用人に頼んだことが相当と認められることもあろうし、または旅客の不注意と認められることもあろうから（例えば女中に為替金の受取方を委託する如き）、本件についても右の番頭の地位職務をなお取調べねばならず、また民法第七一五条によると、使用者が被用者の選任監督について相当の注意をしたのであれば責任がないことになっているゆえ、本件についても旅館の主人にその点の怠慢がなかったか否かを今一応取調ぶべきである。」

と云う趣旨で原審を破毀した。大体適当なようだが、要するに抽象的には片附かぬ問題で、大審院が述べた外にもその旅館の大小と委託した金額との釣合なども問題になろう。同じ六百円でも、大旅館の番頭に頼んだのならば旅客に手落ちがないと云えるかも知れぬが、小さな宿屋ではどうであろうか。

第一九話　寄附金の着服

某市某町で道路開設のため寄附を募集し、それで道路敷地を買収した上、市に寄附することになった。しかして町内の世話役三名が道路委員として寄附金募集道路買収に従事していたが、五十余名から寄附金として渡された金七百五十円を三人で分配着服してしまった。それで三名は横領罪に問われ、二審でも有罪判決を受けた。ところで横領罪の規定たる刑法第二五二条には「自己の占有する他人の物を横領したる者」とあるが、本件の寄附金は既に寄附者の手を離れて発起人の手に帰しているのだから、他人の物ではなく、したがって被告人等の行為は横領罪ではなくて、むしろ背任罪即ち刑法第二四七条の「他人の為め其事務を処理する者自己若《も》しくは第三者の利益を図り………其任務に背《そむ》きたる行為を為し」と云うのに当りはしないかと云う疑いがある。

被告等はそこをつかまえて上告したが、大審院はその手に乗らず、大正十二年五月十八日第一刑事部判決（二巻刑四一九頁）で、

「通常寄附金と称するのは、公共的性質を有する一定の公共事業につき創設維持等に要する資金を弁ずるために不定多数の人が無償で出す金銭であるから、寄附者が特別の意思表示で例えば所有権を留保した場合等は別とし、一般の場合にはその金銭の所有権は事業の発起人団体に信託的に帰属するのである。本件の寄附金もその性質を有し、寄附者たる五十余名の所有には属せず、被告人等が道路委員として代表する敷地買収費寄附金募集事業の発起人団体の所有に属するのであって、道路委員たる被告等個人の所有ではない。それゆえ被告等は自己の占有する他人所有の金を領得したと云われ得るのであって、原審がそれを横領罪を以て論じたのは相当である。」

と論断した。一体募集されて発起人の手にある寄附金の法律上の性質については、種々の学説があるのだが、指定の目的に使用処分すると云う制限附きで所有権が移転された信託財産と解するのが最も当事者の意思にも適《かな》うであろう。大正十二年のこの判決がその説を採用したのは、ちょ

うど同年一月一日から信託法が施行された折柄ことに適切である。もっとも信託法はこう云う一般的の信託まで規定しなかったのであって、惜しいことだったと私は思っている。

しかしながらこの判決は結局、寄附金は発起人団体の所有で発起人個人の所有でないから、個人がそれを着服したのは横領だと云うのであって、信託説が宝の持腐れの気味だ。そう説明するなら信託などと云うまでもないことだが、それでは発起人が一人の場合にそれが募集した寄附金を着服したのを横領罪で罰することが出来なくなる。折角信託説を持ち出した以上、信託財産は法律上は自己の財産だが経済上徳義上は他人の財産だからそれを着服した罪情は横領に等しい、と云うような風には行かなかったものだろうか。

第二〇話　呉服屋の払い

金井正二の妻勝代が井上呉服店から八端織《はったんおり》二反子供洋服その他の呉服類代金合計百三十七円三十銭を月末払いの約束で買った。そこで呉服店から夫正二にその代金の支払いを求めたが応じないので、遂に夫に対して訴えを起した。

被告はまず第一に、それは妻の買物で自分の関知するところでない。ことに自分はその当時漁業のため露領に行っていて留守中だった、と争った。しかしそううまくは問屋が卸さぬ。民法第八〇四条に「日常の家事に付ては妻は夫の代理人と看做《みな》す」とあって、家庭の日常生活のために女房が米屋八百屋肴屋等からした掛買いを亭主が知らぬとは云わせぬようになっている。それでなくては米屋八百屋肴屋等は安心して掛売りが出来ず、したがってまた家庭の方でも困る。これは至極もっともな規定だ。

被告は次に、妻勝代の買物は「日常の家事」に属しないと争った。これが米屋八百屋肴屋の買物だと「日常の家事」に属すること大体疑いないが、呉服屋となると一概には云えない。一家の者のための不断着を買ったのならば「日常の家事」だが、特に上等な余所《よそ》行きの衣服だと「日常の家事」ではないと云うことになり得る。要するにその品物の種類品質とその家の生活程度とによって定まることだが、本件の妻の呉服類買入れを裁判所は「日常の家事」に属するものと認め、被告の抗弁を排斥した。

そこで被告は上告審において最後の防禦線を張り、もし妻が夫の代理人ならばその行為は代理の規定に従わねばならぬ、しかして民法第九九条によると、代理人の行為は「本人の為めにすることを示して」なされたものでなければ本人に対して効力を生ぜぬ、しかるに本件において妻が夫のためにすることを示して買物をしたかどうかを審理せずに、イキナリ夫のための代理行為だときめてしまったのは失当だ、と争った。

しかし大審院はその手に乗らない。大正十三年一月十八日第一民事部判決（三巻民一頁）は、「民法第八〇四条第一項の規定は、我国家庭の普通の状態に鑑《かんが》みて、日常の家事に関する事項につき妻がした法律行為の責任を夫に負わせるために妻を夫の代理人と看做《みな》したのであるから、妻が日常の家事に関してする法律行為は特に夫のためにすることを表示してする必要がない。」と判決し上告を棄却した。全くその通りで、妻が夫の代理人だと云うのではない、代理人でなくても代理人と「看做す」と云うのだ。もし夫が妻に委任状でも渡し妻が夫のためにすることを示して取引をしたのならば、看做すも何もない正《まさ》に代理人だが、米屋八百屋肴屋ないし呉服屋と交渉するのにそんな事をする夫婦はまずなさそうなことで、家庭日常生活の買物なら夫が負担するのが当然ゆえ、特に代理を頼まれずとも、また特に代理人と名乗らずとも、妻が夫の代理人として行動したと同じ結果を生ぜしめようと云うのが、民法第八〇四条の精神であって、本件の上告は丸で見当違いと云わねばならぬ。

第二一話　裁判所のタイプライター使用

或る刑事事件の裁判書（判決書）が、署名捺印はもちろん判事自身がしたのだが、その他の全部を邦文タイプライターで打って作られた。被告人側ではそれを不法として上告した。その理由は、(1)刑事訴訟法第六七条に「裁判書は判事之を作るべし」とあるから、判事の自筆でなくてはいけない、(2)代筆・口述筆記ないしタイプライター等では裁判の威信を失う、(3)裁判の秘密が保てぬ、と云うのであった。

しかし大正十三年十一月二十八日大審院第六刑事部判決（三巻刑八三九頁）はその上告を斥《しりぞ》け、「必ずしも判事自ら筆記することを要せず、草稿を作り他人をして之を浄書せしめ、或は機械・化学的作用其の他の方法に依り印刷して作成し、若《もしく》は判断の趣旨を口述し他人をして筆記せしむるも妨《さまたげ》なし」と判決した。

これを前記三箇の上告理由に引き当ててみると、(1)刑事訴訟法第六七条の「作る」と云うのは、文章そのものを作ることで、それを書類に作製する方法も自筆に限ると云うのではなく、また他人に作製させるについても筆写でなくてはならぬと云う制限はない。⑵威信云々は問題にならない。裁判の威信はもちろん重んじられねばならぬが、それはその裁判が慎重公平にされたかどうか、判決が情理兼ね備わっているかどうか、しかしてその文章が名文か否かによって定まることで、書類を誰が写したか、筆写かタイプライターか、の問題ではない。⑶裁判の秘密と云うのは、判断に達するまでの経過即ち評議等が秘密だと云うことで、その判断の結果を書類に記載するにその事務のための部下の吏員を使用したからと云って、評議秘密の原則に反することはない。

要するに本件は理論上はタイプライターを使ったと云うだけの問題ではないので、書記その他に筆写させても同一の問題が起り得る。ただ書記その他に筆写させることは今までといえども行われていたところであろうが、タイプライターと云う裁判所としては新しい遣り方をしたのが目立ったので、問題になったのであろう。それゆえこの判決も、裁判書が判事の自作たるを要するも自筆たるを要せぬと云うことを明らかにした理論上の価値の外に、裁判所におけるタイプライター使用を公認した実際上の価値が相当に大きいと思う。裁判所書記の筆蹟は奇妙に一種の型があって、誠に読みにくいものだが、今後は盛んにタイプライターでも使って、読みよい書類を作ってもらいたいものだ。それがむしろ裁判の威信を添える所以《ゆえん》かも知れない。

第二二話　妹婿と姉との相続争い

蒲田銀蔵と云う戸主の家族に二女キン・三女スミ及びスミの夫たる養子新吉があった。キンは一旦婚姻によって他家に入ったが、明治三十四年に離婚復籍して爾来《じらい》引き続きその家の籍にはいっている。銀蔵と養子新吉との養子縁組届けは明治四十三年八月二十二日に出ており、また新吉とスミとの婚姻届けは同年同月二十七日に出ている。ところで大正十一年七月十三日に銀蔵が隠居し、新吉を家督相続人として届け出た。即ち妹のスミが家の主婦になったわけゆえ姉のキンが納まらず、新吉を相手取って「家督相続回復の訴」を起した。

原告の主張は、民法第九七三条に「法定の推定家督相続人は姉妹の為にする養子縁組に因りて其の相続権を害せらるることなし」とある、銀蔵と新吉の養子縁組と新吉とスミの婚姻とは、届け出こそ別になっているが、相関聯しているものであること、届け出の日が近接していることからも明瞭で、即ち新吉は妹たるスミのためにする養子であるから、法定の推定家督相続人たる姉キンの相続権を害することを得ないはずだ、と云うのである。

それに対して被告は、届け出が別々になっているのは養子縁組と婚姻とが別々だからである、ことに銀蔵が事実上新吉を養子にしたのは縁組届け出より一年も前からのことで、その当初からスミと結婚させる意思で養子にしたのではないから、民法第九七三条にいわゆる「姉妹の為にする養子」に相当せぬと答弁した。

裁判所は、第一審の京都地方裁判所も、第二審の大阪控訴院も、また上告の大審院も姉を負かして妹婿を勝たせたが、控訴院と大審院とでは判決理由を異にした。

控訴院は主として事実に着眼し、養子縁組届けより約一年前に新吉が事実上養子として銀蔵の家にはいった際の事情を詮索し、「その際銀蔵夫婦のみが新吉及び媒介人と会見し、スミは当時十八歳だったにも拘らずこれに関与せず、後になって初めてその事を聞き知ったものである。かように成熟した女子を無視しその不知の間に同人のために婿養子をするが如き事は異例に属するから、右の事実上の養子縁組はスミのためにしたものではなくて、養嗣子とする意思であったものと認めるのが至当である。しかしてその後その意思を変更したと認むべき事情がないから、明治四十三年八月二十二日にした届け出も養嗣子とするための縁組届けとみるのが当然である。」と判決した。

ところが大審院はもっぱら形式に立脚し、昭和三年五月五日第三民事部判決（七巻民三一七頁）で、「民法第九七三条の『姉妹の為にする養子縁組』と云うのは、いわゆる婿養子縁組であって、婚姻と養子縁組とが同時に届け出られたものでなくてはならぬ。しかるに本件においては養子縁組届けと婚姻届けとが数日を隔てているのであるから、第九七三条の場合でないこと疑いない。しかして右の標準で婿養子たると否とを決定すべき以上、事実上の養子縁組をした際の当事者の意思などは問題にならぬ。」と断定した。

かくして本件においては控訴院と大審院とが結論において一致したが、控訴院のような立場で行くと事情によっては反対の結論にもなり得る。事実主義がよいか、形式主義がよいか。これ大いに議論のあり得るところで、民法が元来婚姻及び養子縁組の成立を届け出によって決定する形式主義なのだから、大審院流の形式論も一概に排斥すべきでなく、それがむしろ通説のようだが、その論法を極端に推し詰めると、同じ日にまず養子縁組届けを出し、それが受理されたところでさらに婚姻届けを出せば、婿養子縁組ではなくしたがって民法第九七三条の適用を受けず、妹婿が姉に優先することになる。要するに紙を二枚使うか一枚使うかが家督相続人になるかならぬかの関ヶ原と云う訳で、なんぼなんでも形式的に過ぎはしまいか。

第二三話　子が親の葬式を出すのは当然か

父親が電車会社の電車に轢かれて負傷し、入院治療したがその効なく死亡したので、その子から電車会社を相手取って損害賠償請求の訴えを起した。裁判所は第一審第二審とも会社側の過失を認めて損害賠償を命じた。即ち裁判所はまず、被害者はその事故がなかったとすればなお十ヶ年生存すべきものと認め、その十年間の寿命を縮められたことを金額に計算して被害者の受けた損害を金三千百七十七円九十七銭と認定した。この計算についても色々と議論がありそうなことだが、事実問題だから大審院まで持ち出して争うことは出来ない。ところで右は被害者たる父親が受けた損害だが、裁判所はその損害に対する賠償を請求する権利が相続によって子に伝わるものとした。結論は正《まさ》にそうなくてはならぬが、その法理上の説明がちょっとまごつかされる。相続と云うのは親が生前有した権利が子に伝わることを云うのだが、この場合の損害賠償請求権は被害者の死亡によって生ずるのだから、それが相続によって子に伝わると云うのは、どうしても辻褄が合わない。この点を突っ込まれると、何とかモット合理的な説明を試みなければならなかったところだが、本件の上告審ではそれは問題にされなかった。

上告審で問題になったことは、下級審が前記の金額の外死者の子が支出した葬式費用の賠償として金七百七十円五十八銭の支払いを会社に命じたことである。会社側はその点をつかまえて上告し、左の如き理窟を並べた。

（一）一方では被害者が天寿を全くしたらと云うことを前提として損害額を計算し、他方では被害者が死んだことを前提として葬式費用の賠償を命じたのは矛盾である。
（二）親が子より先に死ぬのは普通の状態であり、また親の葬式を営むことは子の当然の義務であって、即ちどうせ一度は出さねばならぬ葬式を出したに過ぎぬから、特に電車に轢かれたために生じた損害とは云い得ない。

この議論はちょっともっともらしく聞えて、実はとんでもない詭弁なのだから、大審院も大正十三年十二月二日の第一民事部判決（三巻民五二二頁）でその上告を棄却し、会社は葬式費用をも賠償すべきものと判決した。そうなくてはならぬ解決だが、ただその判決には前記の詭弁に対する充分な議論が書かれていないゆえ、それを簡単に補充しておこう。
（一）被害者が死ななかったらと云うのは、損害額算定のための仮定に外ならず、やはり被害者が死んだことを前提とすればこそそう云う仮定もするのであって、被害者が死んだことを前提として葬式費用を請求するのと少しも矛盾しない。
（二）葬式費用は、もしそれがどうせ一度は支出せねばならぬものならば、電車被害によって早く支出せねばならぬことになったにしても、たかが金利だけの損害であろう。事によったら、物価が騰貴しつつある場合には、早く支出した方が安上がりかも知れぬ。しかしここに問題は、葬式費用の支出が果して死と同様に必然の事なのであろうか。死が必然である以上葬式も必然かも知れぬが、その費用に至っては、現在それを負担した人がそれを負担せねばならぬと云うことが絶対に必然ではない。なるほど子が親を葬るのが順だろうが、子が先に死ぬことも決して珍しからぬことだから、現在の被害者の葬式費用をその子が支出したこともその電車事故がなかったら起らなかったことかも知れないのである。要するに電車が轢き殺したから葬式をせねばならぬこととなり、葬式をしたから被害者が財産上の損害を受けたのだから、加害者がその賠償をさせられるのは当然の事と云わねばならぬ。

第二四話　村八分

「村八分」と云うのは、上田松井両氏の『大日本国語辞典』によると、「村落申合せの私罰。強慾非道なる者などに対し、村中申し合わせて交際などを一切せぬこと。」とある。「町省き」「組外し」などとも云う。これが近頃でも折々行われるものと見えて、明治の末年以後大審院の問題になったことが、私の知っている限りでは六回ある。その事件の概略を列記してみよう。関係者はすべてABC等であらわす。

（一）明治四十四年九月五日大審院第二刑事部判決（「判決録」一七輯刑一五二〇頁）の事件

Aなる者が「軽挙妄動商業上失敗をなし、以て居字《あざ》住民に損害を被らしめたるより、斯かる不用意不謹慎の結果互にその利益を保護尊重せざるべからざる居字住民に損害を及ぼす如きものは、爾後《じご》自己の利益のため交際せざること」を村の人々が申し合せ、その中の一人BがAの同情者と見られたCに対し、「Aに同情しその利益を保護せんとするものは、Aの党与にして非A住民の交際して不快を感じ且つ不利とする所なるを以て、これと交際せざらんと」する旨を通告した。下級審はBのCに対する行為を刑法第二二二条の脅迫罪で処罰し、大審院も上告を斥《しりぞ》けて左の如

く宣告した。（名古屋地方裁判所管内の事件）
「一定の地域における住民が一定の制裁を以て団結し、その一部の人に対して絶交を宣言する行為は、その個人を社交団体の外に排斥しその人格を蔑如する結果を来たし、人の社会価値たる名誉を毀損するものである。」
（二）大正二年一月三十一日大審院第一刑事部判決（「判決録」一九輯刑一四七頁）の事件
この事件の内容は一向判決理由書にあらわれていない。しかして大審院は前判例と同様の態度で脅迫罪の成立を認めた。（鹿児島地方裁判所管内の事件）
（三）大正二年十一月二十九日大審院第三刑事部判決（「判決録」一九輯刑一二四九頁）の事件
或る村の或る区で村会議員選挙に際し、区民一同がＡなる者を選挙することを契約したのに、ＢＣ両人はその約に背いて他の候補者に投票した。そこでＤＥＦＧＨ五名の者が主動者となって区民一同と共にＢＣ両名と絶交すべき旨の決議をなし、これを両名に通告した。下級審は右五名の行為を脅迫罪で罰すべきものとしたが、大審院は原審が共同絶交を必然有罪の様に考えたのを非とし、その絶交が道徳上正当なりや否やの判断を加えて今一度調べ直すべきだと云うので、原判決を破毀した。その判決理由中に、

「絶交は実際上種々な事情の下に行われ、その原因もまた区々《まちまち》であって一定せず、背徳の行為または破廉恥の行為に対する社交上道徳上の制裁として一般に認められる所であるから、多衆共同の絶交が正当な道徳上の観念に出《い》で、被絶交者がその非行に因り自ら招いたものであるときは、これに対して救済を与える必要がなく、絶交者がこれによって被絶交者をして義務なきことを行

わせ、又は行うべき権利を妨害した場合、又はその絶交に正当の理由がないときは、ここに初めて違法性を有することとなり、それを被絶交者に通告した絶交者の行為が脅迫罪を構成する。」と云っているのは、「村八分」の刑法観として要領を得ていると思う。（土浦区裁判所管内の事件）

（四）大正九年十二月十日大審院第一刑事部判決（「判決録」二六輯刑九一二頁）の事件

衆議院議員総選挙に際し、某町有権者の多数は候補者Xを推挙すべく申し合せをしたところ、Aなる者が反対候補者Yのために運動をしたので、同町協議員Bなる者が、同町役員会の席上において、Aを「町省き」として「同町内の者はA及びその家族と言語を交えず日用品の取引をもなさずその他一切の交際をなすべからざること」を発議主張してその旨の決議をさせ、町総代をしてその決議をAに通告させた。下級審はBの右の行為を脅迫罪に当るものとしたが、大審院もそれを是認し、

「一定の地域において共同生活をする人類の集団が相結束して、社会的感情に照して正当と認むべき理由がないにも拘らず、些少の事由を口実とし、集団中の特定人及びその家族に対して将来一切の交際を謝絶し生存資料の供給を絶つべき旨を決定しそれを通告するのは、該特定人の人格を蔑如し共同生活に適せぬ一種の劣等者を以て待遇せんとするのであって、個人の享有する名誉を侵害する結果を生ずべき害悪の通告に外ならず、その受領者を畏怖させるに足るから脅迫罪が成立し得る。」

と判決して上告を棄却した。本件などはことに絶交が不当なように思われる。（伊賀上野区裁判所管内の事件）

（五）大正十年六月二十八日大審院第一民事部判決（「判決録」二七輯民一二六〇頁）の事件

某村の大字某区で大正三、四年頃郡費及び村費の補助を受けて道路を開設することになったところ、区民Aなる者が道路敷に当るその所有の地所二十間計りを提供することを拒むので、他の場所は工事が落成したにかかわらずその部分の工事に着手し得ず、郡長が三回も出張して来てAを説諭しても応ぜず、結局竣工期間を経過したため郡費の補助は取消され、道路の開設を遂行し得ないことになった。そこで区民の多数は大いに憤慨し、BC等七人が中心となって区民集会を催し、

(1) Aが先年太神宮の日待金として寄付した金十円をAに返すこと。
(2) A家を在来の区民として取扱わぬこと。（A家は中途から同区へ移って来たものなので、Aが前記の寄附をしたによって在来の区民同様の取扱いを受けることになったものらしい）
(3) 今後村の各祭典に参加させぬこと。
(4) 字《あざ》共財産に関係させぬこと。
(5) Aの分の檜山株券を無効とすること。

を決議してこれをAに通知し、さらに同区において水車業を営むDにして、「A方の米麦の搗摺をなすべからず、もし依頼を受くるにおいてはA同様組外しにする」旨を通告した。しかしてこの共同絶交は大正七年六月頃から少なくとも大正八年四月頃まで実行された。そこでAはBC等七名を相手取って不法行為に基づく損害賠償請求の訴えを起したところ、第一審の杵築区裁判所

では敗訴したが、第二審の大分地方裁判所はAを勝訴させ、Aは「その部落における社会生活上なし得べき行為の自由を妨げられ、又社交団体より排斥せられ歯《よわい》せられざることに依りてその名誉を毀損せられ、」精神上の損害を受けたのであるから、BC等七名はAに対して金三百円の損害賠償をなすべきものと判決した。しかして大審院もその判決を是認して上告を棄却したのであるが、大審院が「たとい道路開設の計画に対しAの執りたる行動その当を得ざりしとするも、これがためにBC等のなしたる行為は不法行為たるを免れざるものとす。」と断言しているのは、前提（三）（四）の判例と照し合せて、不穏当に感じられる。この事件こそ前記（三）の判例中にいわゆる「被絶交者がその非行に因り自ら招いたもの」ではあるまいか。

（六）昭和二年九月二十日大審院第一刑事部判決（六巻刑三六一頁）の事件

某字《あざ》二十七戸の部落において、住民Aが同部落の材料を使用してその河川工事を請負っているBから該工事材料の木を貰い受けて木炭十貫匁入三俵を製炭した。住民Cがそれを知って憤慨し、同部落の区長Dをして部落の各戸から一名ずつを同地の小学校に召集させ、その席上でAを叱責した上、同人を部落から絶交する旨の決議をした。Aは大いにそれを苦痛とし、実兄Eを介して部落民一同に集まりもらい、しきりに謝罪して絶交の解除を懇願したので、部落民の大部分はそれを聴き入れる意向になったにもかかわらず、主唱者たるCはその席上でEに対し、この際Aにおいて金二、三百円を出金しなければ絶交を継続すべく、もし部落民中でこれに反対する者があればA同様絶交すべしと揚言し、それをAに伝えさせて兄弟を恐怖させ、その場でEの手を経てAから金百円を出金させ、それに他の部落所有金を加えて同部落二十七戸に平均分配した。裁判

所はCのこの行為を金を取った廉《かど》で恐喝罪に問い、大審院もその判決を維持した。（秋田地方裁判所横手支部管内の事件）

第二五話　型摺りの投票

昭和二年九月二十五日に施行された某県の県会議員選挙に際し、某候補者の運動員が無筆の有権者三名にその候補者の氏名を切抜いた型紙を渡し、それを使用して投票してくれと依頼したので、右三名の選挙人は選挙当日投票所なる町役場に行って、その型紙を当てて墨汁をなすり、「投票用紙に候補者氏名を顕出し恰《あたか》も自書せしものの如くにして投票」した。この投票は有効か否か。選挙人及び運動員の行為は犯罪になるか否か。

府県制第一八条第五項・第八項及び第七項に、「選挙人は投票所において投票用紙に自ら議員候補者一名の氏名を記載して投函すべし。」「自ら議員候補者の氏名を書すること能はざる者は投票をなすことを得ず。」「投票に関する記載に付《つい》ては勅令を以て定むる点字は之を文字と看做《みな》す。」と規定してあるのを綜合すると、型摺りにした投票が無効であることは明白である。しかし被告側では、たとい投票が無効でもその行為が有罪となるべきでない、と争った。

裁判所はその抗弁を是認しなかった。府県制等四〇条に「府県会議員の選挙に付ては衆議院議員選挙に関する罰則を準用す」とあり、しかして衆議院議員選挙法第一二七条第二項に「氏名を詐称し其の他詐欺方法を以て投票を為したる者は二年以下の禁錮又は千円以下の罰金に処す。」とあるが、型摺りによって自筆の如く見せかけた選挙人の行為は右の「詐欺の方法を以て投票を為し」と云うに当り、型紙を与えてその方法を教えた運動員の行為は、刑法第六一条第一項「人を教唆して犯罪を実行せしめたる者は正犯に準ず」べきものと云うので、両者とも有罪と認め、昭和三年五月八日大審院第一刑事部判決（七巻刑三四三頁）もその見解を維持した。

なおこの事件において、右三名の選挙人の外五十余名の同町内の有権者が同一運動員の手で金一円ずつで買収されている事実が注目される。

第二六話　いつ盗んだのか

山本と云う山林の所有者が高田なる者に山林の植込み下刈《したかり》等の管理をさせていた。ところがこの高田が太い男で、大正九年一月から同十年十二月末日に亘って二年間引き続き、その山林の樹木を切り倒し、その場で製材して大正十一年五月以降それを山から担ぎ出して広瀬なる者に売った。広瀬は全くその材木は高田の所有だと信じてそれを買い入れたのであるが、山本は広瀬に対してその材木を返してくれと云う訴えを起した。

事件はさして珍しくもないが、種々の問題を含む。まず第一に、高田は盗んだのか横領したのかと云うことが問題になり得る。高田は山林の植込み下刈の世話を頼まれていたのであるけれども、山林の占有が高田に移されていた訳ではないようだから、高田の行為は「自己の占有する他人の物件を横領した」（刑法第二五二条）と云わんよりは、むしろ「他人の財物を窃取した」（刑法第二三五条）と云うことになるであろう。

次に、高田は不動産を盗んだのか動産を盗んだのか、と云うことが問題になり得る。樹木は立ったなりでは不動産または不動産の一部分だが、切り倒せば動産になるのだから、本件では動産が盗まれたと云うことになる。

ところで盗品たる動産がそれと知らぬ第三者の手に渡った場合に被害者は盗難の時から二年間返還の請求が出来る、と云うのが民法第一九三条の規定であって、本件の被害者たる山本が広瀬に対して材木の返還を請求したのはその箇条による。そこで請求の時が盗難の時から二年以内だったか否かと云うことが問題になるのだが、盗伐の最終日たる大正十年十二月三十一日を盗難の時と見て起算すると返還請求の時は既に二年を経過しており、したがって山本は返還請求が出来ないのであるが、山から材木を担ぎ出した時を盗難の時と見ると、返還請求の時にまだ二年になっていなかったことになる。第一審たる和歌山地方裁判所は後の見解を採って山本を勝訴させ、第二審たる大阪控訴院は前の見解を採って山本の請求を斥《しりぞ》けた。

大審院は、大正十五年三月五日第二民事判決（五巻民一一二頁）で、控訴院の見解に賛同し、「他人の所有山林でその立木を自己の物にする意思で伐採した場合には、それによってその樹木は動産となると同時に伐採者の自由に処分し得べき実力範囲に置かれたものであるから、その時に窃取行為が完成されたもので、その後山林外に運び出した時を以て、窃取行為が完了したもの、即ち盗難の時となすべきでない。」

と判決して、木材原所有者の返還請求権を否認した。

こう云う事件は、モット事情が詳細にわからないと何とも批判が出来ないが、この控訴院及び大審院の判決は民法第一九三条の返還請求期間の起算点の問題と刑法の既遂未遂の問題と混同しているのではないか、と疑いたくなる。刑法における窃盗の既遂未遂は品物が犯人の支配内に帰したか否かの問題だが、民法第一九三条は被害者が何年間盗品を取戻せるかと云う問題ゆえ、その期間の起算点は品物が被害者の支配を離れた時と考うべきではあるまいか。してみると本件でも、木が切り倒された時でなく、山から運び出された時が盗難の時なのではあるまいか。

第二七話　三ツ矢の商標

「三ツ矢」と云えば、平野水サイダー等清涼飲料の商標として著名で、日本麦酒鉱泉株式会社でそれを登録している。ところが他の或る商人が紅茶ココア等の商標として同様の赤色三ツ矢印の登録を出願したので、特許局の審査官は、商標法第二条第一項第一一号に商標の登録を許さざる場合として「商品の誤認又は混同を生ぜしむるの虞《おそれ》あるもの」とあるのに当ると云うので、その登録を拒絶した。出願人はそれに不服で抗告審判を請求したが、特許局はその抗告を排斥し、さらに大審院に上告したが、その上告も棄却された。それが大正十五年五月十四日大審院第二民事部判決（五巻民三七一頁）である。

出願人側の理窟はこうだ。引用された商標法は大正十年の改正法であるが、その第二条第一項第一一号は旧商標法第二条第三号に当り、その旧法の規定には「世人を欺瞞する虞《おそれ》あるもの」とあった。しかしてその文句を解釈した大審院の判例が三つ程あるが、それらはいずれも「世人を欺瞞する虞あるものなりや否やの判定標準はこれを商標自体に求むべく、他の事情を綜合して判定すべからず」と云い、例えば「砂糖蜜の商標として蜜蜂の図形を用い、赤色混成酒の商標として葡萄の図形を用うるが如き、」或いは「商標の一部として商品の産出地を表示する文字を事実に反して用い世人をして商品が商標の示す産出地のものなりと誤信せしめ、または商標の一部として事実に反し業務上の能力を表示する文字図形記号を用うる場合、例えば商標中に虚偽の賞牌《しょうはい》を列挙し、模造バタの商標に牛の図形を用うるが如き」であるとし、「商標として使用する文字図形記号が偶々類似の商品の商標として他人の慣用する文字図形記号と同一なればとて、商標が世人を欺瞞する虞あるものと言い得べきにあらざるなり」と説いている。しかして新法の規定も、文句こそ改まっているが、趣旨においては同様なのであるから、一の商人が飲料に附けたのと同一の商標を他の商人が紅茶ココア等別の商品に附けても、何ら差し支えがないのである。

特許局及び大審院側の理窟はこうだ。なるほど旧法第二条第三号の解釈はそう云うことであった。しかしてそれでは狭過ぎて困るゆえ、新法では「商品の誤認又は混同を生ぜしむる虞《おそれ》」と改正したのであって、「商品の誤認を生ぜしむる」と云うのは、ちょうど旧法の「世人を欺瞞する」と云うのに当り、その虞れありや否やは前判例通り商品自体について判定すべきものであるが、「商品の混同を生ぜしむる」と云うのは、商品の出所の混同を生ぜしむると云う意味であって、その虞れありや否やは「商標以外諸般の事情を考察してこれを判定すべきもの」である。本件において出願人が三ツ矢の商標を附せんとする商品は、日本麦酒鉱泉会社が三ツ矢印を附けている商品と必ずしも同一または類似ではないが、後者は清涼飲料であり、前者は紅茶ココア等であって、「共に同一の目的に使用せられ同一店舗において取扱われ勝ちのもの」である。即ち同じ食料品屋の店頭に並んでいる場合に、買い手が同じ会社の製品と思いそうなことである。それゆえ商品の出所の混同を生ずる虞れありとして商標の登録を拒絶したのは相当である。

元来商標なるものの目的は、商品の内容を示すことだけではなく、商品の製造者または供給者が誰かと云うことを示すのが大切な点である。例えば丸に越の字の商標はその商品が何かと云うことを示すものではないが、ともかく三越の品だからと云う安心を買い手に与え、三越に取っては不正競争を防ぐ役に立つ。それゆえ出所混同の虞れがあっても構わんと云うのでは、商標登録の制度も半ば以上無意味になる次第で、本件における特許局大審院の見解が正しいのはもちろん、全体旧法時代の大審院判例が「世人を欺瞞する虞あるもの」と云う解釈を誤っていたのではあるまいかと思う。

第二八話　敷　金

「敷金」なるものは借家の附き物で、誰も知っている事柄だが、その性質作用を法律的に説明することは相当の難問で、学説が一致しない。今ここに学説を陳列する積もりはないが、敷金に関する大審院判例を二つ紹介しておこう。

どちらも大阪の事件だが、第一は、大正十五年七月十二日大審院第一民事部判決（五巻民六一六頁）である。賃貸借が合意で解除されて借家が明け渡された後家主から数ヶ月分の家賃の滞りを請求したのに対し、借家人は敷金が四百五十円入れてあるからそれと相殺すると答えた。ところが第二審裁判所は、借家人が賃貸借契約終了後その契約に基づいて負担したすべての債務を履行した後でなければ敷金の返還を請求し得べきものでないから、家賃を滞納している借家人が敷金返還請求権を主張して相殺を行い得べきでないと判決した。

もしこの第二審判決の云うところが正しいとするならば、借家人にとってははなはだ不利益な次第であるが、大審院は上告を容れて原判決を破毀し、

「敷金なるものは、賃借人がその債務を担保する目的で金銭の所有権を賃貸人に移転し、賃貸借終了の際において賃借人の債務不履行がないときは賃貸人はその金額を返還すべく、もし不履行があるときはその金額中から当然弁済に充当される、と云うことを約して授受される金銭である。それ故、第二審判決の云うように、賃借人において先ず延滞賃金の支払をした上で敷金の返還請求をなすべきものではなく、賃貸借終了の場合に賃金の延滞があれば、敷金は当然その資金の弁済に充当されるのである。逆に云うと、賃借人の延滞賃金支払の債務は敷金額の範囲内において当然消滅するのであって、賃借人が賃貸人から延滞賃金の請求を受けても、本件の借家人のように、敷金返還の請求権を以て相殺をする必要はなく、また相殺するまでもないのである。」

と判決した。即ち借家を明け渡す際に家賃の滞りがなければ敷金全額の返還を請求出来るし、滞りがあればそれを差し引いた余りを返してもらうべきであり、もしまた家賃の滞りの方が大きければ家主がその不足額を請求し得るのであって、どちらを先に請求すべしとか相殺の意思表示をせねばならぬとか云うような問題は起り得ないと云うのである。

第二は、昭和二年十二月二十二日大審院第一民事部判決（六巻民七一六頁）にあらわれた事件である。大阪市内所在の甲の所有の劇場を乙が活動写真興行の目的で借り受け、家賃は月一千五百

円の約束で、敷金一万円を乙から甲に渡した。ところがその後その劇場が、恐らく甲の債務のためであろう、競売に付せられた結果、丙がそれを競《せ》り落してその建物の所有者になった。即ち借家の持主が変ったのであるが、大阪のことで借家法施行地域内ゆえ、借家法第一条の規定によって、爾後《じご》は丙と乙との間に賃貸借関係が継続した。しかしてさらにその後に至って乙丙の合意でその賃貸借を解除し、その劇場は乙から丙に返還された。ところで問題になるのは敷金として差し入れられた一万円であって、乙は丙に向かってそれを返してくれと請求した。丙は敷金に関する契約は甲と乙との間のことで、自分の関知するところでない、と跳ね附けた。乙は賃貸借の権利義務が建物の新所有者に移る以上、敷金についての権利義務も当然新所有者に移るべきものだ、と主張した。それが本件の争いである。しかして第二審の大阪控訴院は、

「敷金契約は賃貸借契約に従たる契約で、その内容をなすものでないから、旧所有者と賃借人との間に存する敷金契約上の法律関係は当然新所有者と賃借人との間に存続するものと云い得ない。それ故本件においても丙は乙に対して敷金返還の義務を負担しない。」

と判決したが、大審院はその判決を破毀して、

「借家法第一条の規定によって旧所有者との賃貸借がその賃借家屋の所有権を取得した新所有者に対しその効力を有し賃貸借が依然存続する場合には、旧所有者に差し入れた敷金は、旧所有者に対する賃料の延滞がない限り、当然所有権の移転と同時に新所有者に移転するものである。しかし敷金は賃貸借契約の要素ではないから、賃貸家屋の移転のとき新所有者に移転すべき敷金が存する場合においても、新所有者が敷金の差し入れを不用なりとするときは、新所有

者は敷金を承継することなく、したがって賃貸借終了の場合にその返還の義務を負うべきでないこと勿論である。しかし敷金の承継の方が原則なのだから、敷金が承継されなかったと云うことを主張する者はその事実を証明せねばならぬ。」

と云う趣旨の判決をした。この大審院の判決は、控訴院判決の理論を顚覆した様に見えるけれども、実は結果においては大体同じ事になり、敷金が承継されたと云うことを主張する者がそれを証明すべきか、敷金が承継されぬと云うことを主張する者がそれを証明すべきか、の差違あるに過ぎぬ。しかして本件においては、丙は甲との契約で劇場を譲り受けたのではなく、競売に出たのを競り落した結果賃貸人になったのだから、敷金を承継しなかったことは明白だろうし、甲はまた所有の劇場が競売に出る位だから恐らく一万円を払い得なかろう。してみると裁判に勝ったにせよ負けたにせよ、結局乙は敷金を棒に振らねばならぬことになるのではあるまいか。要するに、単に法律論としての当否の問題だけでなく、敷金の慣行そのものが果して合理的なりや否やの根本まで遡って問題にならねばならぬ。

第二九話　崖崩れ

民法第七一七条に、

「土地の工作物の設置又は保存に瑕疵《かし》あるに因りて他人に損害を生じたるときは、其工作物の占有者は被害者に対して損害賠償の責に任ず。但《ただし》占有者が損害の発生を防止するに必要なる注意を為したるときは、其損害は所有者之を賠償することを要す。」

と云う規定がある。この規定の説明として講義にでも引用するのに最も適切な事件が起った。

甲が東京市内山手某町に借地してそこに家屋を所有していたが、その隣地は乙所有の高地で、甲の借地に接近している部分の崖は高さ三丈余もあり、大正二、三年年頃からそこに上下二段になった高さ約二丈のコンクリート「擁壁」を設けてあった。ところが大正十年十月十日午前十時頃その部分が幅七間に亘って崩壊し、崖下なる甲所有の建物全部を破壊した。(その際人死もあったのだが、本件ではそれは問題になっていない。)

そこで甲は乙に対して、この崩壊は全く、右の擁壁に敷幅と高さとの比例を欠き排水口を設けない等の「設置上の瑕疵」があり、また数年前から擁壁の所々に亀裂が出来ていたのをそのまま捨て置いた「保存上の瑕疵」があったのに基因するのであるから、右擁壁の占有者にして所有者たる乙はその崩壊によって生ぜしめた損害を賠償する責任がある、よって乙は破壊家屋の価格金四千三百五十九円八十五銭及びこれに対する大正十年十月十一日以降その完済に至るまで年五分の割合の利息を支払うべし、と請求した。

これに対して被告たる乙の側では、右の擁壁の崩壊は大正十年九月十月における非常の降雨によるもので、設置及び保存に瑕疵があったためでない、仮にその設置保存に多少不完全な点があったとしても、右の擁壁はその土地の前所有者たる丙の築造したもので、外観上何らの瑕疵がなかったため、乙はそれを完全なものと信じて大正六年六月丙からこれを譲り受けたのであって、崖下の住民も不安を感じていなかったのであるから、土木上の専門知識のない乙がそれを完全のものと信じたのは過失でない、したがって乙には損害賠償責任がない、と抗弁した。

しかし第一審も第二審も乙の抗弁を斥《しりぞ》けて甲を勝訴させたので、乙から上告したが、大審院も昭和三年六月七日第一民事部判決（七巻民四四三頁）でその上告を棄却した。

大審院で問題になった一つの点は、右の「擁壁」なるものが民法第七一七条に「土地の工作物」と云う中に含まれるか、と云うことであって、乙の側では、右の「擁壁」なるものは単に崖の上の土砂の散逸を防ぐためにその斜面に附着されたものに過ぎず、工作物と称し得ないものである、と主張した。しかし大審院は「土地の工作物とは土地に接着して人工的作業を為したるに依りて成立せる物を云う」と云う定義を与え、本件のコンクリート壁はその中に含まれること疑いないと判決した。

乙はさらに前記の抗弁、即ち擁壁は丙が設置したものであって、それに瑕疵があったことに気が附かなかったについて乙に過失がないと云う議論を重ねて主張し、民法第七一七条は工作物設置者の責任を規定したもので、損害発生当時の所有者占有者に責任を負わせる規定でないと論じた。しかしこの最後の議論はとんでもない強弁で、同条が損害発生の際の工作物所有者及び占有者の責任を規定したものであることは法文上も明白だ。もし丙の所有の際に行われたコンクリート工事が粗末だったために崖が崩れたのであれば、被害者は丙に対しても損害賠償を請求することが出来るだろうし、また乙が損害賠償を取られたら丙に対してさらに償いを求めることは出来るだろうが、乙は自分が作った工作物でないと云うだけで責任を免れることは出来ない。またもしも乙がその崖地の借地人で、即ち右の擁壁の占有者に過ぎないならば、その壁の構造が悪くまた亀裂のあったことに過失なくして気が附かなかったと云うことを証明して責任を免れ得るが、乙は占有者であるのみならず所有者だからそう云う訳に行かない。この場合の所有者の責任はいわゆる「無過失責任」で所有の工作物に瑕疵があったために他人に迷惑をかけた以上、「ついそれは存じませんでした、ハイ左様なら」とは云わせぬと云うのが民法第七一七条の値打ちなのだ。それゆえ大審院は上告を取り上げず、乙に損害賠償責任ありとしたのである。

第三〇話　宣伝ビラ

〇〇県で「青年訓練所生総動員」と云う催しをしたところ、「労働農民党〇〇県支部聯合会教育兼出版部長」たる某が「青年訓練所生総動員に反対せよ」と題する一文を起草し、一枚刷りに一万六千枚印刷させ、某市内でいわゆる「ビラ撒き」を遣った。そこで当局は右の某を出版法違反として訴追し、第一審第二審共有罪と判決したので、被告はさらに上告したが、昭和二年一月十一日大審院第四刑事部判決（六巻刑四三六頁）はその上告を棄却した。一体どう云う点が出版法違反になるのだろうか。問題が三点ある。

（一）出版法第七条に「文書図画の発行者は其の氏名住所及発行の年月日を其の文書図画の末尾に記載すべし」とある。しかるに問題の印刷物には年月日の記載がないのであって、その点は被告も争わないのであるが、発行者の記載がないと原判決が云ったのに対し、イヤそんなはずはない、印刷物の末尾に「労働農民党〇〇県支部聯合会」と記載し、その事務所の所在地も附記してある、と被告は抗弁した。しかし大審院は、出版法第七条に「氏名」と云うのは自然人の氏名を指すのであって、団体の名称を以てこれに代えることを得ない、と判決した。

（二）出版法第三条には「文書図画を出版するときは発行の日より到達すべき日数を除き三日前に製本二部を添へ内務省に届出《とどけいず》べし」とあるのに、そのいわゆる納本をしなかったのは違反だ、と云うのであるが、被告は、「製本」と云う以上社会で普通に「本」と称するものでなくてはならぬ、たとい数頁の薄いものでもとにかく本として製本されたものでなくてはならぬ、また「二部」と云う所からみても単に一枚の紙片を一部とは云わぬ、数枚の枚数を以て製本された本の体裁を備うるものであればこそ部と云うのである、即ち一枚刷りのビラについては納本の義務はないのだ、と主張した。しかし大審院は出版法第三条に製本と云うのは製作された文書図画と云う意味で、その文書図画が一葉であるのと数葉を綴じた冊子であるのとを問わぬ、と判決した。出版法の趣旨は正《まさ》にその通りであろうが、用字は誤解を招く虞《おそ》れがあるから、出版法改正の機会には適当な字句に改めて欲しい。

（三）出版法第九条には「書簡通信報告社則塾則引札諸芸の番附諸種の用紙証書の類及写真は第三条……第七条……に拠るを要せず」とある。そこで被告は、問題のビラは引札に外ならぬから出版法第三条の納本または第七条の年月日氏名記載をしなくても違反にならぬ、と主張した。しかし大審院は、引札と云うのは「営業上の広告の如く頒布の目的を以て購買観賞其他需供（需要供給）の誘引となるべき事項を記述したる文書」を云うのであって、「或種の思想を発表宣伝する文書」は引札の範囲に属せぬ、と判決した。

第三一話　通り抜けの権利

甲野と云う人の所有地がいわゆる袋地である。袋地と云うのは、他人の所有地に囲まれていて公路に通ぜず、即ち周囲の土地を通り抜けなければ往来に出られない土地である。ところで甲野の所有地は、一面は他の個人の所有地だが、他の三面は神明神社の境内で囲まれている。しかして甲野はその所有地に住宅をもって数十年来住んでいるのだが、ちょうどその前面の神社の所有地が開放されていたので、当初から常にそこを通り抜けて往来に出入りしており、最近にはさらに所有地内に借家を二軒建てて人に貸していた。ところが大正八年二月中神社では甲野の所有地との境界に高さ一間の板囲いを設けたが、それでも甲野家の通路に当る所は八尺だけ明けてあったので、甲野家及びその貸家の人々は相変らずそこを通行していた。しかるに大正十一年五月に至って、神社はさらに右の八尺の出入口をも閉鎖してしまった。もっとも甲野の所有地は袋地のことで、袋地の所有者は民法第二〇九条によって「公路に至る為め囲繞地を通行することを得《う》」る権利があるのだから、神社の方でもその境内の一端に約四尺の通路を残しておいたが、甲野家の方ではそれでは満足せず、神明神社を相手取って――神社も一種の法人だから訴訟の当事者になれる――訴訟を起し、「此の八尺の間に設けたる板囲の部分の取払を請求し、又右通行を塞がれたる為二棟の家屋の賃料を毎月一円宛《ずつ》減額せざるべからざるに至りしを以て、大正十一年五月より取払済に至る迄毎月金二円宛の損害金の支払を請求」した。その理由は甲野は既に数十年来「自己の為めにする意思を以て平穏且公然に」その場所を通行しているのであるから、民法第一六三条により取得時効で通行権を取得している、それを通れぬように板囲いをしたのは通行権の妨害だと云うのである。

　しかし裁判所はその抗弁を採用しなかった。甲野の主張する権利はいわゆる地役権だが、民法第二八三条に「地役権は継続且《かつ》表現のものに限り時効に因りて之を取得す」とあり、何らの設備もなく単に毎日数回通行していたと云うだけでは、たとい何十年間通っていても「継続」と云うことにはならないから、甲野はその場所の通行地役権を取得したと云い得ない、と云うのである。

　そこで甲野は上告して、その土地を絶えず通行の用に供していたと云うことが何人《なんぴと》にも明らかに認められ得べき状態が存する以上は「継続且表現」と云えると主張したが、大審院もその主張を容れず、特に通路を設けたのでなければ継続的に通行権を行使したとは云えない、と判決した。——昭和二年九月十九日第一民事部判決（六巻民五一〇頁）——なるほどこれはそうあるべきことで、通路を開設したのを打ち捨てておいたのならば時効で通行権を取得されてもやむを得ぬが、単に通り抜けをするのを黙認していたからと云って、そこに通行権が発生し、こちらはそこに家を建てることも出来ぬと云うことになっては、土地所有者もたまるまい。もっとも本件の甲野の所有地は前記の通り袋地であって、甲野が当然に通行権を有することは神社側でも認めており、境内の一端に幅四尺の通路はあけてあると云うのだから、甲野はもし争うならその方に力を入れ、右の四尺の通路では位置と云い幅員と云い袋地の必要を満たすに足らぬ、とでも主張すべきではなかったろうか。民法第二一一条に「通行の場所及び方法は通行権を有する者の為めに必要にして且囲繞地の為めに損害最も少きものを選ぶことを要す」とあって、神社側にとってなるべく迷惑にならぬ部分に通路を選ばねばならぬと同時に、甲野側の必要を満たすに足るだけの通路でなくては、元来袋地所有者に通行権を与えてその土地の効用を充分発揮させようとした制度の趣旨に叶わぬことになるから、その方なら相当な主張は出来ようと思う。

第三二話　「竹の柱に茅の屋根」

某県某町某字の青年会員が、大正十五年十二月四日の午後五時頃同地の「御天皇」と称する神社に集合し、同神社の境内にある同字居住民共有の籠堂《こもりどう》の内で、「神迎えの御籠り」と称して終夜桑株《くわかぶ》を焚く儀式を行った。その籠堂は間口九尺奥行十二尺高さ七尺の麦藁葺平家建てであったが、翌五日午前一時頃焚火の火焔が屋根裏に垂れ下っていた麦藁に燃え移ったと思うと、たちまち屋根一面に延焼して、遂にその籠堂一棟を焼失した。そこで青年会員の指揮者が失火罪として訴追されたが、第一審第二審の裁判所は、堂内で焚火をするなら火気を弱くする等特に周到な注意を用いて失火の危険を予防すべきであるのに多量の桑株を焚いて火焔が猛烈になるのをも構わずに焚火を続けたのであるから、被告の行為は刑法第一一六条第一項「火を失して……………他人の所有に係る第一〇九条に記載したる物（現に人の住居に使用…………せざる建造物）を焼失したる者は三百円以下の罰金に処す」と云うのに当ると判決した。

そこで問題になったのは、こう云う「竹の柱に茅の屋根」でも「建造物」と云えるかと云うことで、被告は上告審において、九尺に二間の籠堂と云うと如何にも立派に聞えるけれども、二寸五分角の柱が六本立っているきりで、天井も壁もなく、三十年前にたった六円で出来たわずかに雨露を凌ぐに足る掛小屋に過ぎず、到底建造物と云える程度のものでないのに、それを建造物を焼いた罪として罰したのは違法だと、争った。

しかし大審院は「屋蓋《おくがい》を有し柱材に依り支持せられて土地に定着し、人の起居出入し得る内部を有するものなる以上、縦令《たとい》周壁及び天井を有せざるも、刑法第百九条に所謂建造物に該当することは勿論なるを以て、……火を失してこれを焼燬《しようき》したる…………以上、失火罪の責を免れざること論を俟《ま》たず」と判決した。——昭和二年五月三十日第二刑事部判決（六巻刑二〇〇頁）

第三三話　造作代

借家法第五条に、家主から畳・建具その他の造作を買い受けた借家人は借家を返す際に家主に対して時価を以てその造作を買い取ってくれと請求し得る、と云う趣旨の規定があるが、その「時価」とは何を云うかが問題になった。

東京市京橋区内の貸家を大正九年三月に借りる際、借家人は附属の造作として畳二十畳半を代金百二十円で家主から買った。ところが約一年四ヶ月の後大正十年七月に合意で賃貸借を解除し、家を返すことになったが、借家人は前記借家法第五条によって右造作の買い取りを請求し、その時価を千五百円と主張し、家主は百円で相当だと争って訴訟になった。問題の中心点は、借家法第五条の「造作の時価」と云うのは、畳と云う現実の物の値段を云うのか、いわゆる「権利金」と云うような性質を含ませるのか、と云うことであったが、控訴院は後の見解を採って、その価格は五百五十五円が相当と判決した。しかし大正十五年一月二十九日大審院第二民事部判決（五

巻民三八頁）は家主側の上告を容れて原判決を破毀し、

「借家法第五条の畳建具その他の造作の時価とは、建物に附加したままの状態で造作自体が本来有する価格を云うのであって、これを建物から取り外した状態における価格を云うのでないことはもちろん、建物所在地の状況やその構造如何等によって生ずる特殊の価格を包含しないものと解するのが相当である。元来借家法第五条が賃借人のために賃貸人に対する造作買取請求権を認めたのは、賃貸借終了の場合に賃借人をして造作を取外して建物の明渡しをさせると著しく造作の価格を減じて賃借人に不利益であるが、賃貸人にそれを買い取らせると賃貸人が同一の物を新調して備え附けねばならぬ不便を省き、双方の利益になるからである。それゆえ造作の時価を定めるにも右の趣旨に拠り、建物に附加したままの状態における造作自体の本来の価格、即ち同一物を他から買い求めて建物に附加したとしてのその物の価格を以て時価を定むべきである。」

と判決した。即ち造作の値段については三つの考え方があり得る。第一は、借主がそれを建物から取外して他に売る場合の値段として考えるのである。これはいわゆる「潰し値段」となりやすく、借主に不利益である。第二は、貸主が他から買って来て取附ける場合の値段、換言すれば借主が新たに畳を買わないで済むのでいくら助かるかと考えるのである。第三は、その建物の状況位置等を考えに入れていわゆる「権利金」の性質を含ませるのである。大審院はこの第二の考え方を採用したのであるが、本件の解決としてはおそらく適当だったろうと思う。初手に畳二十畳半を百二十円で家主から買ったと云うので、それは純粋に畳そのものの値段なのだろうから、いわゆる「売り値段」でなく「買い値段」で買ってもらえばまず我慢せねばなるまいし、権利金の意味にしたところで一年四ヶ月の間に千五百円の価値が出そうもない。しかし造作代と云うものは必ず然《しか》りときめられてしまっては困る。造作代と云う名義で「場所の権利」が買ってあることもあるのだから、それを畳建具の代価で家主に買取らせると云う借家法の趣旨ではあるまい。

第三四話　中華民国人の虻蜂取らず

中華民国人宝珂が大正十二年三月十六日に川西なる日本人から長野県下の市街宅地六十八坪余を八千円で買い受け、即時に手附金千円を支払い、残金は同月二十五日に弁済することとした。ところがその当時は外国人土地法（大正十四年法律第四二号）の制定施行前で、即ち「地所は勿論地券のみたりとも外国人へ売買質入書入等致し金子請取又は借受候儀一切不相成《あいならず》候事」と云う明治六年太政官布告第一八号地所質入書入規則第一一条が行われていた時代であるから、その売買は無効であって、宝珂はその土地を所有することは出来ぬとわかった。そこで宝珂は川西に対して手附金の千円を返してくれと請求したところ、川西が返さないので訴訟になったが、第一審第二審とも宝珂の勝訴になった。ところが大審院は上告を容れて原判決を破毀し、「自判」をして宝珂の請求を排斥した。――大正十五年四月二十日第二民事部判決（五巻民二六二頁）――その理由はこうだ。

「民法第七〇八条に『不法の原因の為め給付を為したる者は其給付したるものの返還を請求することを得ず』とある。そのいわゆる『不法の原因』とは、給付の原因自体が公の秩序または善良の風俗に反する場合を云うものである。しかして外国人が我国で土地を所有し得ないことは地所質入書入規則の明白に規定するところで、該規則は公の秩序に関する強行的法規であるから、それに違背して外国人に土地の所有権を取得させる行為が無効であるのはもちろん、その行為を原因としてした給付は、その原因が公の秩序に反するものであるから、民法第七〇八条のいわゆる不法原因の給付に該当する。それゆえ原告は一旦給付した手附金の返還を請求し得ない。」

この判決はよほど問題だ。全体民法第七〇八条と云うのがどうも充分腑に落ち兼ねる規定なのだが、要するに自分の不正な行為を裁判所で主張して法律の保護を仰ぐことを許さぬのだと云う説明で、初めてなるほどと肯《うなず》かれる。一番の適例は賭博をして負けた者が勝者を相手取って取られた金を返せと訴えるとか、賄賂の金を返せと訴えるとか云う類である。ところで外国人が日本の土地を買うことは、たとい同じく国禁になっていても、賭博とか贈賄とかが禁ぜられたと同様な倫理的意味は含んでいない。いわんや外国人土地所有の禁は既に早くからやがては廃止されることになっていたのであって、本件の売買が行われた当時は明治四十三年法律第五一号「外国人の土地所有権に関する法律」が公布されていて未施行の状態だったのであり、しかしてこの大審院判決のあった頃には前記大正十四年の「外国人土地法」が同年十一月十日から実施されていた次第である。もちろん売買は解禁前に行われたのだから、禁止法に基づいてそれを無効とすべきだが、しかしその違反に対する道徳的評価は多少異なり得るのであって、売った日本人が怪しからんにしても、買った中華民国人を多く咎める訳には行くまい。しかるに怪しからん日本人が手附けを取り得になり、怪しからん度のむしろ少ない中華民国人が蛇蜂取らずの憂き目をみたのである。手附けだけだからまだよかったので、もし全額払っておれば八千円丸損になるところであった。第二審裁判所が、

「本件土地売買契約は前記法令の禁止規定に違反し無効なれども、該行為自体は公の秩序、善良の風俗に反するものと認め得ざるを以て、右手附金の給付は民法第七百八条の所謂不法原因の為めの給付なりと謂うを得ず」

と判決したのがむしろ規定の精神に叶っていはしなかったろうか。外国人の土地所有の問題は将来多く起らぬことになったが、日本銀行の株式その他外国人が買い得ない株式なども数種あることだから、同様の問題が再び起らぬとは限らぬ。大審院の再考が切望される。

第三五話　掌中の玉を奪われる

大正十三年十月三日午後五時頃、西山正道同清子夫婦の間の一粒種正雄と云う五歳の男児が、児童用の三輪自転車に乗り、「ハッ」と云う女中（だろうと思う）とともに、大阪神戸間の電車線路の踏切に差しかかった。ところがちょうど大阪行の電車が遣って来たので、その通過を待って三輪車を踏切に乗入れたところ、神戸行の電車が擦れ違いに突進して来たのに跳ね飛ばされ、頭部に致命傷を負って三十分後に死亡した。そこで正道清子の両人は電車会社を相手取り、「正雄は原告等夫婦間の唯一の子にして、原告清子は正雄出産に際し施術したる為原告夫婦間には将来子を設くるの望みなく、正雄を掌中の玉として寵愛し居りたるに、此の悲惨なる横死に遭い痛

嘆措く能わず、」ゆえに民法第七一一条「他人の生命を害したる者は被害者の父母、配偶者及び子に対しては其財産権を害せられざりし場合に於ても損害の賠償を為すことを要す」の規定にしたがい、被告は原告正道に対し金五千円、原告清子に対して金二千五百円、及び右金員に対する大正十三年十一月二十二日以降完済に至るまで年五分の割合による利息を支払うべしと云う訴えを起した。

そこで神戸地方裁判所及び大阪控訴院で審理を累《かさ》ねたが、結局正雄の死亡は電車会社側の過失に原因すると認められた。即ち交通頻繁な踏切に踏切番を置かず、遮断機をも設けなかったのは、明らかに会社の過失であるから、民法第七〇九条によって会社に損害賠償責任があり、また運転手が踏切の箇所において反対方面からの電車と擦れ違う際に必要な注意及び手段を執らなかったのだから、民法第七一五条にいわゆる「或事業の為めの被用者が其事業の執行に付き第三者に加へたる損害」として使用者たる会社が損害賠償責任がある、と云うのである。しかし慰藉料の金額については二審とも父母各千五百円ずつを相当と認めた。しかして会社側から民法第七二二条第二項「被害者に過失ありたるときは裁判所は損害賠償の額を定むるに付き之を斟酌することを得《う》」と云う規定の適用を求め、大阪行の電車が通過するとすぐに反対側から神戸行の電車が来ることを注意せずに線路に三輪車を乗り入れたのは正雄の過失であり、それを制止しなかったのは「ハツ」の過失であると主張したのに対しては、正雄は行為の責任を弁識するに足るべき智能を具えない幼年者であるからその過失を問題にし得ず、また「ハツ」に過失があったにしても「ハツ」は被害者ではないのだから民法第七二二条第二項の「被害者に過失あり」と云うことにならなぬと、判決した。

しかしこの最後の点は大分問題だ。幼者の過失が問題にならぬと云うのはよいが、同行の「ハツ」に注意が充分でなかった過失があるか否かは問題になり得る。控訴院判決は、一方では「ハツ」が正雄の保護者であるようにみており、他方では「ハツ」が外出したのに正雄が附いて来たようにも云っておって、その点がはっきりしない。もし「ハツ」が正雄の附き添いの女中であってそれに不注意の過失があったのならば、やはり被害者に過失があったのではあるまいか。法文の「被害者に過失あり」と云うのは、被害者その人の過失と狭く解すべきでなく、被害者側に過失があった場合と云う意味に取るべきだ。もしまた「ハツ」が正雄に附き添っていたのでないとすると、父母たる正道清子両人に、幼児が線路附近に遊びに行くのに自ら同伴せずまたは適当な保護者を附けて出さなかったと云う過失があることとなり、しかしてこの両人は本件において損害賠償を取ろうと云う被害者なのだから、第七二二条第二項が問題になる。同条によれば、被害者側に過失があっても裁判所は必ずしもそれを斟酌するには及ばぬのだけれども、訴訟に現われた資料によって被害者に過失があると認められる場合には、裁判所は判決中にその点に言及せねばならず、賠償額の決定につき被害者の過失を斟酌したのかせぬのか、斟酌するを要せぬと認めたのならその趣旨如何、それらを説明すべきである。しかるに本件の控訴院判決はその説明を欠いているので、大審院は上告を容れて原判決を破毀し、事件を差し戻した。――昭和三年八月一日大審院第四民事部判決（七巻民六四八頁）

第三六話　駅弁の悪口

市村恒吉なる者と河野為五郎なる者とが、民事訴訟で争っていて、反目不和の間柄であった。ところで河野は省線山陽線厚狭《あさ》駅構内で列車乗客相手の飲食物立売営業をしているが、市村はそれにケチを附けてやれと云うので、昭和二年十二月中旬福岡県鞍手《くらて》郡木屋瀬《こやのせ》町から門司鉄道局下関運輸事務所旅客課長宛で、郵便葉書に「厚狭駅構内の立売弁当は不潔にして非衛生的なる蝿卵附着せり」と云う意味を書き、「小屋瀬町会議員代表」と署した書面を送った。それが刑事問題になり、第二審の山口地方裁判所では、被告人市村の行為は私文書偽造行使であり、刑法第一五九条「行使の目的を以て……偽造したる他人の……署名を使用して……事実証明に関する文書……を偽造したる者は三月以上五年以下の懲役に処す」と云うのに当るとして、被告人を懲役四ヶ月に処した。

そこで被告人から上告し、問題の端書には「小屋瀬町会議員代表」とあって「木屋瀬町」とはない、即ち「小屋瀬町」などと云う場所はないのだから、右の文句は無意味である。かつまた「代表」とのみあって代表者の氏名が書いてない、それゆえ前掲刑法条文の「偽造したる他人の署名を使用し」と云うのに当らず、したがって私文書偽造罪にならぬ、と争った。大審院はその上告を容れ、「小屋瀬」は「木屋瀬」と解し得られるが、「木屋瀬町会議員代表」とあるのは、その町会議員全部の意味であるか一部の意味であるか、「単に集合名詞の記載あるに過ぎずして其の名義人を特定するに由なきを以て」かような文書を作成しても「文書を偽造」とは云い得ないから、下級審が私文書偽造罪として処罰したのは誤っている、と判決した。なるほどそうかも知れないと思われるが、しかしこの論法で行くと、もし「木屋瀬町会議員一同」と書いてあったら文書偽造罪だと云うことになりはしまいか。

ところで本件は文書偽造行使罪にはならぬけれども、無罪ではない。大審院は前記の点で原判決を破毀すると同時に「自判」をして、被告人の行為は刑法第二三三条「虚偽の風説を流布し又は偽計を用ひ人の信用を毀損し若《もし》くは其業務を妨害したる者は三年以下の懲役又は千円以下の罰金に処す」と云うのに当るとして、被告人を罰金八十円に処した。被告人側では、その行為は「偽計」と云う程度にならぬ、警察犯処罰令第二条第五号「他人の業務に対し悪戯又は妨害を為したる者」に過ぎぬ、と争ったが容れられなかった。――昭和三年七月十四日大審院第三刑事部判決（七巻刑四九〇頁）

第三七話　交通妨害と往来妨害

ついでに刑法と警察犯処罰令との関係の問題を今一つ。

被告人は他の二名の者と共謀し、昭和二年十月二十八日の夜和歌山県下の某村において、道幅五尺ないし一間の村道に鉄条網を張り渡し、重量十貫目位の大石約十個を並べ、さらに枯木藁等を堆積してその道路を閉塞し、またその村道の深さ二尺幅三尺位の溝に架けた石橋の一部を撤去して、何の意趣か知らぬが念入りに往来を妨害した。そこで刑法第一二四条第一項「陸路水路又は橋梁を損壊又は壅塞して往来の妨害を生ぜしめたる者は二年以下の懲役又は二百円以下の罰金に処す」と云う規定によって、被告人は罰金二十円に処せられた。

ところが被告人側から上告して、被告人は昭和二年十月三十日の夜前記の村道に長さ二間位の割板を投げ捨てておいたと云う廉《かど》で、警察犯処罰令第二条第一二号「公衆の自由に交通し得る場所に於て濫《みだり》に車馬舟筏其の他物件を置き又は交通の妨害と為るべき行為を為したる者」として、和歌山警察署に於て五円の科料に処せられているが、この行為と十月二十八日の妨害行為とはいわゆる連続犯であって、刑法第五五条には「連続したる数個の行為にして同一の罪名に触るるときは一罪として之を処断す」とあり、即ち既に全部処罰されているのだから、重ねて処罰せらるべきでない、と争った。

しかし大審院はこの上告を容れなかった。刑法第一二四条第一項のいわゆる往来妨害罪は、「陸路水路又は橋梁を損壊又は壅塞し」と云う手段による往来妨害の問題であり、しかしてそれが実際往来妨害の結果を生じかつその行為者が往来妨害の結果を予見したことを必要とする。しかるに警察犯処罰令第二条の方は、単に「交通の妨害と為るべき行為を為し」ただけで問題となり、具体的の交通妨害があったことを必要とせず、また犯人が例えば往来へ車を置き放しにしておくと云う行為を意識的にした以上、交通を妨害するつもりでしたのでなくても罰され得る。しかして本件における被告人の十月二十八日の行為は刑法第一二四条に当って警察犯処罰令第二条に当らず、十月三十日の行為は警察犯処罰令第二条に当って刑法第一二四条に当らぬのであるから、刑法第五五条にいわゆる「数個の行為にして同一の罪名に触るる」ものとは云えない。それゆえ別々に処罰しても同一行為を二重に処罰したと云うことにならぬ。これが大審院が上告を棄却した趣旨である。要するに刑法の「往来妨害」と警察犯処罰令の「交通妨害」とは違うのである。

——昭和三年五月三十一日大審院第二刑事部判決〔七巻刑四一六頁〕

第三八話　大審院の男子貞操論

これは横田〔秀雄〕前大審院長の名判決としてしばしば紹介論評され、私自身も詳論したことがあるが〔「法学志林」第二九巻六六九頁〕、「判例百話」中に逸すべからざる事件だから、論評は預って、裁判の経過だけを語ろう。

大分県下の某村に浅井マサと云う老婆があって、その娘カネに十数年前に五平と云う婿養子を迎え、その夫婦の間には既に三人の子まである。ところが五平が家出をして、近村の河田アキと云う後家さんの所へ下男奉公に住み込んでいる中《うち》に、アキと関係が出来、そのためにどうしても自宅へ帰って来ず、妻のカネ及び姑のマサからしきりに帰宅を促しても応ずる色なく、かつまた何らの仕送りもしないので、留守宅の方では生活と子女の養育にも差し支える始末になった。そこで大正十三年九月二十八日の事だが、姑マサは近藤準吉と云う某弁護士の事務員に談判を依頼したところ、近藤は早速引受けて、即日マサ同道で河田方に赴き、アキと妻子ある五平とが関係を結んで同棲しているのは姦通罪として二年以上五年以下の懲役に処せらるべきものだから告訴するぞ、しかし相当の出金をしたら告訴を見合せる、と脅し附けた。それは実は譃《たわむれ》で、夫が外の独身の女に関係しても姦通罪などになりはせぬのだが、アキと五平とは法律を知らないからスッカリおどかされ、どうぞ勘弁してくれと云うので、五平と妻カネとの手切金としてアキから現金百円を渡し、また子女養育費として同月から毎月九円ずつ五ヶ年間支払うと云うアキ五平連帯の契約書を浅井カネ宛てで差し入れさせた。

ところがこれが刑事問題になり、右の弁護士事務員近藤は刑法第二四九条「人を恐喝して財物を交附せしめたる者は十年以下の懲役に処す。前項の方法を以て財産上不法の利益を得又は他人をして之を得せしめたる者亦同じ。」に当ると云うので、大正十四年十一月三日大分県竹田区裁判所で有罪判決を受け、大分地方裁判所に控訴したが、大正十四年十二月二十二日に「懲役八月」と宣告された。しかして被告近藤の弁解は、元来夫五平が妻に対する貞操義務に違反しているのであり、河田アキは五平をしてその義務に違反せしめて妻カネの権利を侵害したのであって、カネはこれに対して損害賠償を請求する権利があり、近藤はカネのためにその権利を実行したに過ぎないのだから、多少の強要はあっても恐喝罪にはならぬ、と云うのであったが、従来の法律論ではそれは通りそうもない。即ち大分地方裁判所も、

「我国の現行法では男子の姦通罪なるものを認めていないのであって、即ち男子の貞操義務を認めないのが法律の精神であり、しかして我国現時の社会状態からみても、我民法の解釈上妻が夫に対して貞操を強要する権利を有するとは認め得ない。それゆえ河田アキが浅井カネの権利を侵害したとは云い得ず、また重大な侮辱を加えたと云うことにもならぬから、カネに慰藉料その他損害賠償を請求する権利があるとは解し得ない。即ち被告近藤が用いた恐喝手段を権利の実行行為だとは云い得ないから、その意味の弁護人の主張は理由がない。」

と一蹴し去ったのであった。

しかるに当時の院長横田秀雄博士を部長とした大審院第一刑事部はこの点について見解を異にし、原判決を破毀して大審院自身が事実審理を遣り直す旨（刑事訴訟法第四四〇条）を言い渡したのが大正十五年七月二十日の決定（五巻刑三一八頁）であり、その決定中に有名な「夫にも貞操義務あり」と云う断案が発表されたのであって、その前提の下に大審院第一刑事部は昭和二年五月十七日の判決で被告近藤に無罪を言い渡した。ところで右の中間決定と終局判決とを接《つ》ぎ合せて見ると、大審院の男子貞操論は大体こう云うことになる。

「婚姻は夫婦の共同生活を目的とするものだから、配偶者は互いに協力してその共同生活の平和と幸福とを保持せねばならぬ。しかして夫婦が相互に誠実を守ることは共同生活の平和安全幸福を保つ必要条件だから、配偶者は婚姻契約によって互いに誠実を守る義務を負ったものと云うべきで、配偶者の一方が不誠実な行動をして共同生活の平和安全幸福を害するのは、即ち婚姻生活によって負担した義務に違反するものであり、配偶者の他方の権利を侵害するものと云わねばならぬ。換言すれば、妻が夫に対して貞操を守る義務があるのはもちろんだが、夫もまた妻に対して貞操を守る義務があらねばならぬ。民法第八一三条第三号は夫が姦通をしても妻が離婚を請求し得るものとはなさず、刑法第一八三条もまた男子の姦通を処罰していないが、これは主として古来の因襲に胚胎する特殊の立法政策に属する規定であって、それらの規定があるからと云って民法上夫に対して貞操義務を要求する妨げにはならぬ。さて本件においては、浅井五平がその妻たる浅井カネに対する貞操義務に違背して河田アキと情交を通じ、妻子を遺棄してこれに対する扶養義務を等閑にし、河田アキとの関係を絶って家庭に復帰し夫としまた父として妻子に対する義務を果す意思がなく、遂に浅井カネは夫たる浅井五平の不法行為によって夫婦の関係を断絶せざるを得ない事情に立ち至ったのであるから、浅井五平は右の結果に対して責任を負うべきで、そのために生じた損害を浅井カネに賠償する義務があるのは当然である。したがって被告近藤が依頼を受けて浅井カネのためにその子女の養育料を請求するのは、社会普通の観念として正当と見らるべきところで、その請求額もまた過当でないから、それを目して違法行為なりとすることは出来ない。また河田アキが浅井五平に妻子のあることを知りながらそれと情交を通じて同棲したのは、浅井カネの権利を侵害したに外ならず、即ち河田アキは浅井五平と共同の不法行為によって浅井カネをして離婚のやむなきに至らしめこれに損害を被らせたのであるから、共同不法行為者たる浅井五平とともに損害を賠償する義務があるのである。それゆえ被告近藤が用いた手段は不当であって五平アキの両人が畏怖の結果現金及び契約証書を渡したのだとしても、被告人の行為を恐喝罪で処罰することは出来ぬのである。」

第三九話　昼夜の境界

昼と夜との境界が折々法律問題になる。しかしてそれが必ずしも一様に取扱われない。

大正十五年五月十二日午後七時頃或る人が自転車の灯火をつけずに名古屋市中を乗り、道路取締令（大正九年内務省令第四五号）第八条第一項「牛、馬、諸車等は夜間灯火を用ゐずして通行すべからず」と云う規定に触れて処罰された。そこで被告人は、暦に従えば名古屋地方における大正十五年五月十二日の「日入」は午後六時四十六分であるが、「日暮」は午後七時二十分である、しかして本件の時刻は午後六時五十六七分であるから、まだ日暮前であって、即ち諸車に灯火を要する夜間ではない、と争った。しかし大審院は、大正十五年十月二十七日第三刑事部判決（五巻刑四七〇頁）で、本件犯行の時刻は「已《すで》に日入を過ぎ将《まさ》に日暮に垂《なんなん》とする時にして、当時暮色漸く加わり、二三間を距るときは通行人の面貌を確認し難き状態」であって、「未だ日暮前なりと雖《いえども》交通の安全を期せんが為には通行の諸車皆灯火を要するの時刻なることもちろん」である、と判断した。即ち必ずしも暦によらず実際の暗さを考慮に入れて昼夜の区別を立てようとするのである。

或る人が大正十年十月十五日の午前五時から午前五時三十分頃までの間に福井地方で銃猟をした。おそらく猟期明けを待ち焦《こが》れて早速出掛けたのだろうが、狩猟法第一六条「日出前若《もしく》は日没……後銃猟を為すことを得ず」の違反として処罰された。被告人は、狩猟法が日の出前日没後の銃猟を禁じているのは、危険防止の趣旨であるから、日の出と云うのも暦を標準とすべきでなく、実際の明暗によるべきである、しかして本件問題の時刻は実際銃猟の出来る程度に明るかったのだから、狩猟法違反にはならぬ、と争った。しかし大審院は、大正十一年六月二十四日第三刑事部判決（一巻刑三五八頁）で、

「狩猟法が日の出前日没後の銃猟を禁止したのは危険防止の趣旨であることもちろんだが、銃猟に適する時間と適しない時間とを事実上日光の明暗によって区別するのは極めて曖昧を免れぬから、法律のいわゆる日の出日没は太陽面の最上点が地平線上に見える時刻を標準としたものであって、即ち暦にいわゆる日の出入りと一致するものと解するのが正当である。しかして福井地方における大正十年十月十五日の日の出時は午前六時一分十八秒頃であって、被告人が

銃猟をしたのは午前五時ないし五時三十分頃であるから、即ち日の出前に当り、その行為が狩猟法第十六条の違反であること明白である。」

と裁判した。即ちこの場合には法律が暦による日の出日没の時刻を以て昼夜の境界にしたと云うことになる。

第四〇話　船灯の不注意

「法学入門」に明治七年の「海上衝突予防規則」に引かれている「大船にともすともしび上は白みぎはみどりに左くれなゐ」と云う歌の事を書いたから、一つ船灯に関する事件を語ろう。

大正八年五月二十二日に伊予国三津浜港から筑前国若津港に向け発航した汽船敬神丸が、翌二十三日午前三時五十分に山口県御崎の沖合で、四日市へ向け航行中の東慶丸と衝突して沈没したが、その際溺死した一乗客の遺族から敬神丸の船主を相手取って遺骸引取り費及び葬式費用の賠償並びに慰藉料の支払いを請求する訴えを起した（民法第七〇九条第七一一条）。段々調べてみると、敬神丸の左舷の紅灯がその当時消えていたか或いは外部から見えない程度に曇っていたことが、衝突の原因だったのである。しかして敬神丸の船長は船灯の取扱いを二十一歳の若者で十ヶ月の経験しかない水夫見習い某に任せきりにし、ことにその船灯が石油灯であるから夜半一回調整をせねばならぬのに、それを命じなかった。即ちその乗客の溺死は船員の過失によって生ぜしめた損害だから、民法第七一五条によって船主が損害賠償の責に任ぜねばならぬことになるのであって、下級審はその趣旨の判決をした。しかして、船灯の取扱いは相当年功な者にさせねばならぬ、石油灯は夜に調整せねばならぬ、などと云うことはどの法律規則にも書いてない、と云う上告に対して、大正十五年五月七日の大審院第二民事部判決〔五巻民三六六頁〕は、船灯につき充分な注意を払って常に海上衝突予防法第二条の規定通り、「少くも二海里の距離より見得べき」光力を維持するのは船員の当然の義務であり、しかして船灯の取扱いは水夫中相当の経験を有する者に行わせ、また石油灯の夜半調節をすることは、船灯につき船員の用うべき必要な注意の範囲に属するから、船員がその注意を怠ったため船灯が消滅しまたは曇っていたならば、それは船員の過失であって、船主に損害賠償責任が及ぶべきである、と説明した。

第四一話　解散は法人の致命傷

民法第七三条に「解散したる法人は清算の目的の範囲内に於てはその清算の結了に至るまで尚ほ存続するものと看做《みな》す」とある。また商法第八四条にも「会社は解散の後と雖《いえど》も清算の目的の範囲内に於ては尚ほ存続するものと看做す」とある。故川名〔兼四郎〕先生は説明して、「恰《あたか》も自然人が致命傷を受けたる状態の如し。未だ死せざるも、死の至ること確定す。」と云われた〔「日本民法総論」一一九頁〕。この法理の適例として、こう云う事件がある。

某自動車株式会社が大正十一年七月四日に株主総会の決議によって解散し、清算人をも選任して、解散登記及び清算人選任登記も済ました。ところが大正十五年三月三日に至って、株主総会を開いて前の解散決議を取消す旨の決議をした。自動車営業が大分有望になって来たので、新会社を設立するよりも旧会社を存続させる方が便利だと云うのである。そこで関係者は右の決議に基づき、解散登記及び清算人選任登記の抹消並びに株主総会で新たに選任した取締役の選任登記を区裁判所に申請したが却下され、地方裁判所に抗告したが再び棄却されて、さらに大審院に抗告したのである。

その抗告の理由は、会社は解散によって当然消滅するのでなく、清算終了までは存続し、したがって株主もありその総会もあり得る、しかして他方会社解散後株主総会の決議によって会社を復活させることを禁ずる明文は商法その他の法規中にも存在しないのであるから、会社の意思決定機関たる株主総会がその前にした解散決議を取消す決議をなし得ないはずがない、と云うのであった。

しかし大正十五年四月十九日の大審院第一民事部決定（五巻民二五九頁）は、

「株式会社が解散すると、そこで法人たる資格が消滅し、ただ遣りかけの事務を結了し、債権を取り立て、債務を弁済し、しかして残余財産を分配する等、清算の目的の範囲内においてのみ存続するものと看做されるものであることは、商法第二百三十四条及び第八十四条の規定によって明瞭である。それゆえ既に解散の決議がされた以上は、株式会社はもはや清算の目的の範囲内においてのみ行動し得るに止まり、株主総会が清算を止めにして会社を存続せしめようと云う決議をするが如きは、商法の許容せぬところであって、その決議は無効と云わねばならぬ。」

と説明して、抗告を棄却した。この結論は正当であるが、ただ合名会社については特別の規定がある。即ち商法第七五条によれば、存立時期の満了その他定款に定めた事由の発生によって合名会社が解散した場合においては、社員の全部または一部の同意で会社を継続することが出来るが、同意をしなかった社員は退社したものと看做されるのである。しかし合名会社にあっても、一旦解散決議をして清算手続きに入った後会社存続の決議をすることは出来ない。

第四二話　安かろう悪かろう

某生命保険会社が或る人と保険契約を結ぶについて、嘱託の診査医に被保険者を診断させたところ、健康状態甲種に属すと云う報告だったので、保険契約を締結した。ところが被保険者は以前から肺結核があったので、間もなくそのために死亡し、保険金受取人から保険金の支払いを請求して来た。それを会社が拒んだので訴訟になったが、会社側では、商法第四二九条「保険契約の当時保険契約者又は被保険者が悪意又は重大なる過失に因り重要なる事実を告げず又は重要なる事項に付き不実の事を告げたるときは、保険者は契約の解除を為すことを得《う》。」と云う規定を楯に取って、右の保険契約は解除したと主張した。しかし同条但書に「但保険者が其事実を知り又は過失に因りて之を知らざりしときは此限《かぎり》に在らず。」とあるところから、会社の診査医が診察しながら肺結核のあることに気が附かなかったのは会社側の過失だから、契約解除は出来ない、と云うことになり、結局会社は保険金並びに利息費用等合計一千六百九十四円十三銭の支払いを余儀なくされた。

そこで会社は今度は右の嘱託医を相手取って訴えを起し、全体嘱託医が委託の趣旨に背いて必要な注意をしなかったために会社が損害を受けたのだからと云うので、右の損害を賠償すべしと要求した。しかして第一審（熊本地方裁判所）では会社が負けたが、控訴審（長崎控訴院）では医者の敗訴になったので上告し、元来会社は嘱託医に対して一回わずかに金一円の報酬を払うだけなのだから、見立て違いがあっても医者の責任ではない、と云う趣旨の議論をした。

しかし大審院はその上告を容れず、大正十年四月二十三日第三民事部判決（「判決録」二七輯民七五七頁）で、「生命保険会社の診査医たる以上は、其受くる報酬の多寡に拘らず、診査医として委託ありたる事務に付き委託の本旨に従い善良なる管理者の注意を以て処理を為すべき義務を負う筋合なるを以て、」その義務に違反して委託者に損害を与えた以上賠償の責を免れぬ、と判決した。判決文中「善良なる管理者の注意を以て」と云うのは、民法第四百条その他に見える法令の極《きま》り文句で、相当の知識経験及び誠意を有する者がそう云う場合に用うるであろうだけの注意をして、と云うことである。しかして大審院の前記の理論は至極もっともで、それだけ聞くと一言もない。

しかしモット根本に立ち戻って考えてみると、被保険者が長生きをして会社が得をすることもあろう、被保険者が予期に反して早く死んだため会社が損をすることもあろう、それが生命保険会社の商売そのものだから、その営業上の損失を嘱託医に転嫁することが果して許さるべきだろうか。充分な報酬を払って肺結核の診断位出来る医者を嘱託しなかった会社の自業自得ではないだろうか。もし診査医の見立て違いで会社が損をしたと云って賠償が取れるのなら、一回一円の報酬でした診断が当って存外長生きな被保険者を取り当てた場合に、その儲けはこちらに頂きたいと嘱託医が云うかも知れない。要するに嘱託医の方から「安かろう悪かろう」で仕方がないではないかと弁解するのは少々乱暴だが、会社の方では「安物買いの銭失い」と諦めねばなるまい。

第四三話　業平八橋

有名な京都名物の「八橋」と云う菓子がある。甲の菓子屋がその製造販売する八橋に使用すべき商標として、二名の従者を伴った馬上の大宮人が右手を翳《かざ》して富士山を望見する図案を登録し、従来それを使用している。ところがその後乙の菓子屋が「業平八橋」と文字であらわした商標をその製造販売する八橋のために登録した。そこで甲商店は乙商店を相手取って登録無効の審判を申し立てた。その言い分は、自分の方の商標の画面が「業平東下り」の図であることは一目瞭然で、したがってその商標を附けた商品は取引上「業平印」と呼ばれる。しかるに後に登録された乙商店の商標は同一名称を文字であらわしたものであって、商標法第二条第一項第九号にいわゆる「他人の登録商標と……類似にして同一の……商品に使用するもの」であるから、登録を受け得べきものでない、と云うのである。これに対して乙商店は、商標が他の商標に類似するや否やは主として図形の外観に基づいて決定すべきものであるから、問題の両商標は類似していない、と答えた。そして特許局は、両商標は類似のものと判断し、乙商店の商標登録は無効だと審判した。

そこで乙商店から大審院に上告し、なるほど甲商店の商標は大宮人の東下りには相違ないが、東下りをした大宮人は必ずしも業平に限らない、例えば「俊基朝臣東下り」などと云うのも有名である、それゆえこの商標を見る者、或いは「業平」と呼ぶかも知れぬが、或いは「東下り」と呼ぶかも知れず、即ち問題の図形は「業平印」と云う称呼を生ずべき何らの特徴がない、と争っ

たところ、大審院はその上告を容れ、

「甲商店の商標の図形は在原業平の東下りを描きたるものなるべしと雖《いえども》、之を表示するに足るべき文字記号存せざるを以て、図案者其他好古的若《もしく》は美術的趣味を有する者に非ざる限りは、其の図形を以て当然在原業平の東下りを描きたるものと解するを得ず。従て其の商標の目的たる商品の取引者間に於ては、便宜上自己の欲する名称に依り商標を指示すべく、原審決の判示する如く其の商標より自然に生ずる称呼は業平印なりと断定するを得ず。而して乙商店の商標は業平なる文字を以て其の主要分と為し、取引上業平なる称呼を有するものなれども、甲商店の商標に対する称呼は之と同一なりと謂うを得ざるを以て、両商標は此の点に於て類似するものに非ずと謂わざるべからず。」

と判決して、甲商店を敗訴させた。——大正十一年十二月十八日第二民事部判決（一巻民七六五頁）

大審院が、一方は文字商標であり他方は図形商標であっても同一の称呼を生ずるならば類似商標だ、と云うことを前提として裁判したのはすこぶる宜《よろ》しい。しかし大宮人が従者を伴い馬上富士山下を過ぎる図の商標が「八橋」の箱なり罐《かん》なりに貼ってあるのを見ても「好古的美術的趣味」を有する者でなければ業平と云う観念は浮び得ないとしたのは、果してどんなものだろうか。そして大審院が、その商標から「業平印」と云う称呼が生じ得べきか否か、と云う抽象論のみに終始したのもいささか物足りない。実際その商標のゆえにその商品が「業平印」と呼ばれていたか否かがむしろ問題なのであって、もし甲商店の八橋がその商標の画に因んで「業平八橋」と呼ばれていたのならば、乙商店が「業平八橋」と云う文字商標を用いることが正《まさ》に甲商店の商標権侵害ではあるまいか。そう云う具体的の事実にも力を入れてもらいたかった。

ところで法律家も少しはいわゆる「好古的美術的趣味」がないと問題を適当に解決し得ない。本件の乙商店の弁護士は「太平記」を知っているとみえて、「東下り」は必ずしも業平に限らない、「俊基卿東下り」もある、などと遣った。もし甲商店の弁護士も「太平記」を読んでいたならば、いやしくも「落花の雪に踏み迷ふ」を知っているくらいの人が、のんきそうに小手をかざして富士山を眺めている御公卿様を俊基卿と思うはずはない、と反駁し得ただろう。さらにまた甲商店の弁護士が「伊勢物語」を読んでいたならば、

「昔、男ありけり。……東の方にすむべき国もとめにとて、往きけり。……三河国八橋といふ所にいたりぬ。そこを八橋といひけるは、水ゆく河の蜘蛛手《くもで》なれば、橋を八つ渡せるによりてなむ八橋とはいへる。……その沢に燕子花《かきつばた》いと面白く咲きたり。それを見てある人の曰く、『かきつばたといふ五文字を句の上にすゑて、旅の心を詠め』といひければ、よめる。

唐衣きつつ馴れにしつましあればはるばる来ぬる旅をしぞ思ふ」

と云う一節を引用し、「伊勢物語」にいわゆる「男」とは業平のことであり、また菓子の「八橋」が三河の八橋の橋板にかたどったものであることは周知の事実だから、「八橋」の商標に御公卿様が附いておれば業平とより外は考えようがない、と論じて形勢を一転せしめ得たかも知れない。

＊

本話が「現代法学全集」に掲載された際、匿名の読者から左の投書があった。

御説によれば、菓子「八橋」は、業平東下り、三河八橋の橋型なりと有之《これあり》候も、小生京都に遊学中聞き候処によれば、名菓八橋は、業平と全然関係なく「六段の曲」等の名作を遺せし八橋検校に関係せるものにて、即ち検校の墓は京都黒谷寺にあり、当時参詣者多かりしため、その門前に琴を型どりて製菓したるものが八つ橋と聞き居り、或いはこじつけかとも存じ候えど、二三の書にもかく記載しありしため、失礼をも不顧《かえりみず》御参考迄に御一報申上候。

なるほどと肯《うなず》かれる説だが、ともかく本件の両菓子商は「伊勢物語」の方の聯想で「業平八橋」と云う字の商標または画の商標を考えたに相違ない。

第四四話　戸別訪問

新選挙法が従来選挙の際盛んに行われた戸別訪問を禁止したことは、御承知の通りである。即ち衆議院議員選挙法第九八条に、「何人《なんぴと》と雖《いえども》投票を得若《もしく》は得しめ又は得しめざるの目的を以て戸別訪問を為すことを得ず」とある。ところが昭和三年二月二十日の衆議院議員選挙に際し、某候補者の運動員が或る有権者をその出勤先なる紡績工場の事務室に訪問し、「何某の為何分宜敷《よろしく》御願する」旨依頼した。それが戸別訪問の禁に触れると云うので反対党から告発され、第二審の神戸地方裁判所で有罪と判決され、罰金百円に処せられた。そこで上告して事務室訪問は戸別訪問にあらずと争った。その上告理由は左の如く陳弁大いに努めたものである。

「戸別とは戸毎の意味なり。我法律語としても古《いにしえ》より戸別割税目あり。戸毎に科せらるる税と云う意なることは世間周知の事実なり。而して戸とは何ぞやとの問題は、既に行政裁判所等に於ても屢《しばしば》遭遇せる問題なり。行政裁判所に於ては人の爨炊《さんすい》する場所なりと判示せられたり。爨炊を要件とすることは稍《やや》狭き解釈に非ずやとの感なきにあらずと雖、少くとも人の居住するところにあらざれば戸と云うべきにあらず。即ち戸別訪問とは人の居所に対する訪問なることは、文理上疑なきものなりと考う。斯くの如く論ずるときは、同じく人を訪問するも其の訪問の場所が自宅なるか将又《はたまた》勤先の事務室なるかに依り法の適用を二三するは不自然にして之を区別するの論は一種の詭弁にあらざるなきかの疑を挟む者なきにあらざるべし。然れども新選挙法即ち普選法が何故に戸別訪問を禁止したるやの理由を回顧するときは、茲《ここ》に此の区別を樹つることの当然なるを発見すべし。蓋し《けだし》旧選挙法時代に於ては、戸別訪問は最も有力なる選挙戦術なりしと共に、亦往々にして重大なる弊害の源なりしなり。新法が之を禁止したるは、実に此の弊害大なるを恐れたればなり。然らば何故に戸別訪問が有力なる戦術なりしやと云うに、我邦俗として、各人を其の居宅に往訪することは、其の人に敬礼の意を表す所以《ゆえん》なるなり。古来の英雄が人心を収攬するの方便として微賤なる者を其の蝸廬《かりょ》に往訪せるの史実挙げて数うべからず。斯の如き事例を外にするも、或は往訪し或は来訪を受くるは個人間の親密を増す所以なり。而して是等の事は個人間の居宅に訪問する場合に限り、之を勤務先に問うも其の効あることなし。然らば何故に戸別訪問に弊害ありと認めたりや。個人の居宅は秘密の場所なり。英人は各人の家は其の城廓なりと謂えり。此所にては多少の私事も外部には漏洩するの虞《おそ》れなし。即ち選挙法の最も忌む所の買収請託も其の間に実行せられ易し。是れ其の弊害の最も大なるものなり。加之《これにくわえ》個人の居宅は常に平安休息の場所ならざるべからざるに、選挙競争の激甚なる、互に訪問の数の多からんことを是れ競い、遂には選挙人の家庭の平静をも害するに至るべし。此等の弊害も亦居宅訪問よりしてのみ発生するものなり。勤務先殊に同僚多数と共に執務する事務室に於ける面会に付ては、此の種の害を想像し得られざるなり。紡績会社の事務室に往訪することは、特別の儀礼を尽したることと為らざるはもちろん、之が為秘密裡に不正行為を為すの機会を滋《しげ》からしむるものとも謂うを得ず。況《いわ》んや個人生活の平静を害するものにもあらず。斯の如き場所に於ける面会を以て個人の居宅に於て為したる訪問と同じく之を戸別訪問と云うは当らざるものと謂うべし。(下略)」

しかし大審院はその主張を容れず、昭和三年十月二十二日第五刑事部判決(七巻刑六七二頁)で、「事務所又は事務室は特定人が其の担当せる公若《もしく》は私の事務を処理する為に設置せられ其の目的に於て常時出入する場所にして、社会通念上各人の居宅に準ずるを相当」と認めた。結論はそれでよかろうと思うが、説明不充分の嫌いがある。そして「戸別訪問」と云う曖昧な俗用語を無定義で制裁法規に用いたことが、元来不穏当な立法ではあるまいか。この語が曖昧なためさらに甲乙二名の有権者のみを訪問したのが戸別訪問かと云う問題を生じ、昭和六年三月五日大審院第二刑事部判決(一〇巻刑六六頁)は左の如く判決した。

「所謂戸別訪問とは連続して二以上の住居に就き訪問することを指称するものにして、必ずしも数名若は其れ以上の訪問を必要とするものに非ず。」

第四五話　小泉策太郎氏は官吏か

ついでに総選挙のエピソードを今一つ。そして新聞にも出たし、関係者の名誉にも障りのない話ゆえ、本名で書こう。

昭和三年二月二十日に施行された静岡県第二区の衆議院議員選挙において、岸衛氏は一万八千五百七十六票・庄司良朗氏は一万五千四百八十五票・郡谷照一郎氏は一万四千六百六票・小泉策太郎氏は一万三千九百八十四票を得て、この四氏が当選と云うことになった。ところが八千六百六十九票を得て落選した宮城藤平氏から小泉策太郎氏を相手取って大審院に「衆議院議員当選の効力に関する異議の訴」（衆議員議員選挙法第八三条）を起した。その主張は左の通りであった。

「被告小泉策太郎は昭和二年六月十五日の制定の行政制度審議会官制に基き其の委員に勅命せられ、第一条に依り内閣総理大臣の監督に属し、其の諮詢に応じて行政制度に関する重要事項を調査審議するの職務を有し、第五条に依り親任官の待遇を受くるものなれば、実質上及形式上より見るも衆議院議員選挙法第十条の『待遇官吏』に該当し、在職中議員と相兼ぬることを得ざるものとす。故に被告は、議員たらんと欲せば当選承諾の以前に於て待遇官吏の職を辞せざるべからざるに拘らず、之を辞せずして現職の儘にて当選承諾の届出を為したるは、全く無効の届出なれば、初めより当選承諾の届出を為さざると同一にして、同法第七四条に依り其の当選を辞したるものと看做《みな》さるべきは必然の結果なり。されば静岡県知事が被告に対して当選証書を附与したるは違法にして、被告の当選全く無効とす。」

しかし大審院はこの異議を是認せず、昭和三年六月二十七日第三民事部判決（七巻民五一三頁）で左の如く裁判した。

「待遇官吏は衆議院議員選挙法第十条に依り衆議院議員を兼ぬることを得ずと雖《いえども》、被選挙権は之を有すること同法第九条の規定に徴し明《あきらか》なるが故に、当選人と為り得ること論を俟《ま》たざる所なるのみならず、当選の有効無効は選挙期日を標準として之を定むべきものなれば、其の後の行為たる当選承諾の届出が待遇官吏の現職の儘にて為されたりとて、此の一事のみに因り当選自体の無効を来すことなく、唯単に其の承諾の効力則ち斯る承諾に依りては議員たることを得ざるや否やの問題を生ずるに過ぎず。……又……衆議院議員選挙法第十条……が一般官吏及待遇官吏は議員を兼ぬることを得ずと定めたる所以《ゆえん》のものは、官吏は官吏服務紀律の適用を受け専心其の職務に尽すべき義務を有するものなれば、議員を兼ねしむるも其の任務を全うすること能わざるの虞《おそれ》あり、又官吏に非ずして其の待遇を受くるに過ぎざる者と雖、官吏服務紀律の適用を受くる者は、一般官吏と同じく一身を捧げて其の職務に尽すべき義務を有するものにして、議員兼職の点に付ては官吏と区別すべき理由なしとし……たるものなり。然れば同条に所謂『待遇官吏』の如何なるものなりやは専ら官吏服務紀律の支配を受け一身を捧げて国家の事務に当るべき義務を有するや否を標準として之を決すべきものにして、全然国家の事務に従事することなく単に儀礼上の待遇……を受くるに過ぎざるが如き者は勿論、縦令《たとい》国家の事務に携わるも官吏服務紀律の適用を受くることなく従て一身を捧げて無定量の勤務に服すべき義務を有せざる者も亦、同条に所謂『待遇官吏』に該当せざるものと解するを正当とす。而して官吏服務紀律第十七条に依れば、官吏の待遇を受くる者にして同紀律に支配せらるる者は俸給の支給を受くる者に限らるること明なるが故に、衆議院議員選挙法第十条に所謂『待遇官吏』も亦、判任官以上の待遇を受け且《かつ》俸給の支給を受くる者のみを指示し、俸給の支給を受けざる者は之を包含せざる趣旨なりと解釈すべきものとす。然るに行政制度審議会委員は、原告代理人主張の如き任務を有するも、俸給の支給を受けざるものなるが故に、官吏服務紀律の適用を受くることなく、従て国家に対し一身を捧げ無定量の勤務に服すべき義務を有するものに非ざれば、衆議院議員選挙法第十条に所謂『待遇官吏』に該当せざるや明なり。」

第四六話　大学湯

京都に「大学湯」と云う看板を上げた湯屋があって、その名で相当に知られていた。その建物は松井なる者の所有で、佐々木なる者がそれを賃借して湯屋営業をしていた。しかして佐々木が右の湯屋を賃借したのは大正四年四月二日であるが、その際佐々木は「大学湯」と云う名称で湯屋営業をする株即ちいわゆる「しにせ」(老舗)を金九百五十円で買い取ったのであって、もし将来貸借が終了する場合には、右の「しにせ」は松井がそれを買い取るか、或いは佐々木が任意にそれを他に売却することを許容すべき旨を約束した。しかるに大正十五年十月十五日に至って賃貸借が終了したところ、松井は右の大学湯の建物を造作諸道具附きのまま竹山なる夫婦者に賃貸し、竹山夫婦が引続き大学湯の看板で湯屋を遣っており、佐々木に対してはは松井からもまた竹山からも右の「しにせ」の代償を払わなかった。その中《うち》佐々木が死んだものとみえ、その相続人たる現在の佐々木が松井及び竹山夫婦を相手取って損害賠償請求の訴えを起し、松井は前記の特約に違反したのであるから債務不履行であり、もしまた前記の特約がないとしても、佐々木が有する「しにせ」の利益を侵害した不法行為に外ならず、また竹山夫婦は佐々木が右の「しにせ」を有することを知りながら松井と共謀してその売却を不能たらしめたものであるから、同じく不法行為の責を免れぬ、しかして松井はその家屋を佐々木には月百六十円の家賃で貸していたのに、竹山からは月三百八十円の家賃を取っている。してみるとその差額の金二百二十円は即ち「大学湯」と云う看板の使用料に相当するのであって、鑑定人の評価によると大正十年当時における右の「しにせ」の売買価額は金二千円であるから、それだけの損害賠償を求める、と主張した。

ところが第一審の京都地方裁判所も第二審の大阪控訴院も原告が主張する如き「しにせ」買取の特約があることを認めなかった。そこで問題は原告の有する「しにせ」を無視した被告等の行為が不法行為になるか否か、と云う点に移るのである。即ち民法第七百九条の問題だが、同条には「故意又は過失に因りて他人の権利を侵害したる者は之に因りて生じたる損害を賠償する責に任ず」とあって、「何々権」と名の附く権利の侵害でなくては不法行為にならぬと云うのが従来の解釈であったので、本件においても前記両裁判所はその伝統を守り、いわゆる「老舗」なるものは、重要な財産的価値を有して取引の目的たり得るものであるけれども、純然たる事実関係であって権利ではないのであるから、「之に対し如何なる侵害行為あるも之を目して不法行為と為す能わず」と判決したのである。

しかるに本件の上告審たる大正十四年十一月二十八日大審院第三民事部判決（四巻民六七〇頁）は一挙にしてこの伝統的解釈を顚覆し、民法第七〇九条の「権利」と云うのは「何々権」と云うような窮窟な意味でなく、畢竟《ひっきょう》「利益」と云うことに外ならず、したがって「しにせ」と云う利益の侵害は不法行為たり得る、と判決して原判決を破毀した。この判決は不法行為法上の画期的名判決とまで学者に賞讃された重要判例であるから、その判決理由の要部を引用しよう。

「民法第七百九条は故意又は過失に因りて法規違反の行為に出で以て他人を侵害したる者は之に因りて生じたる損害を賠償する責に任ずと云うが如き広汎なる意味に外ならず。其の侵害の対象は、或は夫《そ》の所有権・地上権・債権・無体財産権・名誉権等所謂一の具体的権利なることあるべく、或は此と同一程度の厳密なる意味に於ては未だ目するに権利を以てすべからざるも而《しか》も法律上保護せらるる一の利益なることあるべく、否詳しく云わば、吾人の法律観念上其の侵害に対し不法行為に基く救済を与うることを必要とすと思惟する一の利益なることあるべし。(中略)当該法条に「他人の権利」とあるの故を以て必ずや之を夫の具体的権利の場合と同様の意味に於ける権利の義なりと解し、凡《およ》そ不法行為ありと云うときは、先ず其の侵害せられたるは何権なりやとの穿鑿《せんさく》に腐心し、吾人の法律観念に照して大局の上より考察するの用意を忘れ、求めて自ら不法行為の救済を局限するが如きは、思わざるもまた甚しと云うべきなり。」

第四七話　膏薬代は現金で

片山なる者が農具販売の外交員として坂田なる者に雇われていたが、大正十五年七月二十三日坂田に対して暇《いとま》を乞い、かつ従来の給料及び商品代の計算につき談じている中《うち》に口論となり、片山は坂田のために右眼を殴打されてかなりな怪我をした。そこで片山は坂田を相手取って損害賠償請求の訴えを起したのであるが、第二審横浜地方裁判所は坂田に不法行為の責任ありと認め、片山に対して治療費入院料診断書料として金七十八円五十銭、右負傷のため三十日間業務に従事し得なかった損失として一日二円の割で金六十円、及び精神上の苦痛に対する慰藉料として金五十円、合計金百八十八円五十銭の損害賠償を支払うべき旨を命じた。その際坂田は片山が雇われている中《うち》金六十円を横領費消したことを指摘し、その返還請求と右の損害賠償とを相殺即ち差引勘定にすると云うことを申し立てたが、裁判所は「債務が不法行為に因りて生じたるときは、其債務は相殺を以て債権者に対抗することを得ず。」と云う民法第五〇九条の規定を引用して、その主張を排斥した。

そこで坂田側から上告して、民法第五〇九条は、例えば甲が乙になぐられて怪我をしたため金百円の損害賠償を請求する債権があるが、乙は甲に対して金百円の貸金があって既に期限が来ておりその返金を請求する債権がある、と云うような場合の規定で、即ち借金があるためになぐられ損になっては困るゆえ、特に不法行為の被害者を保護し、自身の借金を返さねばならぬのは別問題として、ともかくもいわゆる膏薬代等の損害賠償だけは現金で手に入るようにしたのであるから、本件の如く双方相互に不法行為の責を負う場合には、同条の適用がなく、即ち相殺をなし得るのである、と主張した。しかし大審院はその上告を容れず、昭和三年十月十三日第四民事部判決（七巻民七八〇頁）で左の趣旨の判決をした。

「相殺にすると云うような抗弁は第一審に持ち出さねばならぬ。もし第二審に至って初めてそれを持ち出すなら、そうせねばならなかったのが過失でないことを弁明せねばならぬのに、坂田はそれをしていないから、いわゆる『証文の出し遅れ』で、その抗弁は採用せらるべからざるものである。その上民法第五百九条は差し引くべき相手の債権が普通の債権でなくてはならぬと云うような制限をしておらず、また左様な制限をすべき理由もない。即ち双方が不法行為に基づく損害賠償債権を有する場合でも、それを差引勘定にすることを許しては、いわゆる『膏薬代は現金で』の趣旨に適わぬことになる。」

第四八話　催促の仕方

民法第五四一条「当事者の一方が債務を履行せざるときは、相手方は相当の期間を定めて其履行を催告し、若《も》し其期間内に履行なきときは契約の解除を為すことを得《う》。」と云う箇条は、頻々と利用され、またよく問題になる。昭和二年度の大審院判例集に並んで出ている二つの事件を紹介しよう。

大正十二年七月三日に、請負人が硝子《ガラス》戸三十枚その他三十五点の建具を製作して同年七月二十日までに注文主の住居に備え附けることを引受けた。代金は金三百六十二円の契約で、注文主は即日請負人に金百二十円を内金として支払い、残金は請負人が債務を履行した上で支払うと云う約束であった。ところが期限を過ぎても建具を持込まないので、注文主は数回催促をし、ことに大正十三年八月二十八日及び同年十月二日の二回には内容証明郵便で催促したが効果がないので、注文主は請負人に履行の意思なきものと認め、同年十二月十三日に内容証明郵便で請負人に契約解除を通知し、したがって内金として支払った金百二十円を返してもらいたいと云うので、「不当利得金返還請求の訴」を起した。ところが第一審の東京区裁判所では注文主が勝ったが、第二審の東京地方裁判所では注文主が敗訴した。その理由は、注文主は度々催促はしているが、前掲法文にいわゆる「相当の期間を定めて」催告したのでないから、まだ契約解除の権利を生じておらぬ、と云うのであった。しかし大審院はその判決を破毀し、催告は相当の期間を定めてせねばならぬと云うことになってはいるが、しかし必ずしも初めから一定の期限をきめねばならぬと云うのではなく、催告の時から既に相当の時を経過していれば契約解除が出来るのだ、と云う趣旨の判決をした。即ち前掲の民法第五四一条は畢竟《ひっきょう》「無警告撃沈」はよろしくないと云う趣旨に外ならぬと、法文の文字に即《つ》かずに、その精神を汲んだ解釈をしたのである。——昭和二年二月二日大審院第三民事部判決（六巻民一三三頁）

神戸の外国貿易会社が或る人の委託によって英国の製造会社に自転車用品一万グロスの買入れ注文をした。しかして大正九年七八両月に亘り、熱田丸で三千グロス、横浜丸で二千五百グロス、佐渡丸で千五百グロス、合計七千グロスだけ横浜に着いたと云うので、貿易会社は注文主にその旨を通知し、契約通り横浜税関構内で何時《いつ》なりとも引き渡すゆえ代金を支払ってくれと催促したが、注文主がそれに応じない。そこで同年九月二日附の書面で同月七日までに債務を履行すべき旨を催告した上、同月二十日に契約解除の通知をし、しかして注文主に対して約二万四千円の損害賠償を請求した。第一審の神戸地方裁判所では原告たる貿易会社が勝ったが、第二審の大阪控訴院で段々調べてみると、貿易会社が注文主に対して商品七千グロス分の代金支払いを催告した当時にはまだ佐渡丸の千五百グロスは着いていなかったことが明らかになったので、控訴院は、まだ請求し得ない分まで請求した催告は無効であり、したがってその催告に基づく契約解除も無効であり、即ちその解除の有効を前提とした損害賠償請求は成り立たぬ、と判決して貿易の敗訴になった。ところが大審院は「大は小を兼ぬ」と云うような考え方をし、

「事実上五千五百グロス着荷し………たるに過ぎざるに拘らず七千グロスに付き其の事実あるものとして之が通知及其の七千グロス分の代金支払の催告を為したる前記催告中未だ事実上到着せざる千五百グロス分の代金の催告が無効なること論を俟《ま》たずと雖《いえど》も、之が為事実上到着したる五千五百グロス分の代金の催告も亦無効たるべき理由なく、此の部分の催告は則ち有効なりと云うべく、随て若《も》し右催告に定めたる期間相当にして其の期間内に注文主が五千五百グロス分の代金債務を履行せざりしものならば、前示解除の意思表示は其の効力を生じ、本件契約は解除せられたるものと云わざるべからず。」

との理由で原判決を破毀し、事件を控訴院に差し戻した。前事件と同様、大審院大いに融通の利くところをみせた次第である。——昭和二年三月二十二日大審院第二民事部判決（六巻民一三七頁）

第四九話　執達吏も命懸け

鹿児島県下の話だが、知覧区裁判所の執達吏が同裁判所の裁判に基づく強制執行をしに債務者方に出かけ、倉庫内の物品を差し押えるため倉庫の扉を開こうとしたが、あかないので、債務者にそれを開くよう命じたけれども、債務者は何のかのと云ってその命に応じない。そこで執達吏はやむを得ずその倉庫の裏側の空気抜きの窓から倉庫内に入ろうとして、その窓に梯子を掛けて昇ったところ、債務者がその梯子を引っ張ったり捻《ねじ》ったりしたので、執達吏は地上に墜落した。

それにも屈せずまたその窓から入ろうとしたところ、その間に家人が窓を釘付けにしてしまった。そこで執達吏は再びその窓に梯子を掛けてそれに乗り、玄能《げんのう》でその釘付けの箇所を破壊しつつあった際、債務者は再び梯子を引摺ったり引っくりかえそうとしたりした。そこで債務者は公務執行妨害罪として訴追され、刑法第九五条第一項「公務員の職務を執行するに当り之に対して暴行又は脅迫を加へたる者は三年以下の懲役又は禁錮に処す」に当ると云うので、第二審たる鹿児島地方裁判所で懲役三月の宣告を受けた。

そこで被告人は上告して、執達吏は玄能を以て倉庫を破壊せんとしたのであって、これ即ち刑法第二六〇条「建造物損壊罪」に該当する犯罪行為である、しかして被告人の行為はこの現行犯罪行為を防止する手段に外ならぬのであるから、刑法第三七条「自己……………の…………財産に対する現在の危難を避くる為め已《や》むことを得ざるに出でたる行為は…………之を罰せず」の規定が適用せらるべきである、と争った。しかしこれははなはだ苦しい申し訳で、大審院はそれを採用せず、昭和三年二月四日第三刑事部判決（七巻刑四七頁）は左の趣旨の判決理由で上告を棄却した。

「民事訴訟法第五三六条によると、執達吏は執行のため必要な場合には、債務者の住居内・倉庫内及び箱類の内部を捜索し、または閉鎖した戸や扉や、箱類を開かせる権利があり、抵抗を受ける場合には威力を用いることも出来ることになっている。それゆえ執達吏が債務者に倉庫の扉を開くべしと命じたのに応じなかった場合には、執達吏は適宜な方法で自らそれを開き得るのであり、もし妨害する者があったらその妨害を除去する権利がある。本件の執達吏が玄能で倉庫の釘付けの箇所を破壊したのは、正《まさ》に右の妨害除去の方法として已《や》むを得ざる職務執行行為であるから、もちろん刑法第二六〇条の「建造物損壊罪」に当る犯罪行為ではなく、したがってその乗っている梯子を顚覆しようとした被告人の行為は刑法第三七条の『避難行為』にはならず、刑法第九五条の『公務執行妨害罪』として処罰せらるべきである。」

第五〇話　十年振りの賭博

或る者が大正十五年十二月一日から五日間自ら「胴親」となっていわゆる「チーハー」と称する賭博をした。しかして同人は、以前にも賭博罪で、大正二年一月二十五日に罰金二十円、大正三年七月に罰金五十円、大正五年五月十日に懲役七月と云う罰を食っているので、第二審たる東京地方裁判所はこれを賭博常習者と認め、刑法第百八十六条第一項「常習として博戯又は賭事を為したる者は三年以下の懲役に処す」と云う規定で処罰した。そこで被告人から上告したのであるが、その上告理由は左の通り口語体で卒直簡明に中々よく出来ている。弁護士の名前が出ていないが、もし被告人自身が素人細工に書いたのならばすこぶる面白いと思う。

「原判決は被告人の行為を目して常習賭博なりと認定しましたが、被告人は賭博を常習としてやった覚えはありません。殊に被告人は他に正業あり、常に賭博なぞやっているのでありませんことは、記録を詳細にお調べ下さらば明かでありまして、被告人は、原判決が大正五年以前の前科と『本件犯行自体』に徴し常習者として被告を認定しましたことが、どうしても納得出来ません。愚考しますのに、裁判所が被告人に賭博の常習あることを認めました所の証拠理由の説明を為すに当りましては、判文中常習の事実を推認するに足る更に詳細なる犯情の記載あることを必要と信じます。兎に角原判決の証拠説明は理由不備と信じます。」

この素人臭い上告が大審院を動かし、昭和二年六月二十九日第三刑事部判決（六巻刑二三八頁）で原判決が破毀された。その判決理由は結局前記の上告理由を法律家らしく云い直したに過ぎぬと云ってもよいくらいで、即ち、

「賭博の常習とは反覆して賭博行為を為すの習癖を謂うものにして、犯人の前科ある事実は其の習癖の成立を認むるの一資料たるを失わずと雖《いえども》、前科の事実を基礎として犯人に賭博の常習あることを推断するには、前科たる賭博行為と現に問擬せらるる賭博行為との間に於て犯人に賭博の慣行ありと認むべき時間的牽連関係存在し、之を包括して単一なる賭博習癖の発現なりと視ることを得べき場合ならざるべからず。原判示に依れば被告人の本件賭博を為したるは……………其の最後の賭博前科より数うるも、本件犯行の時迄十年余の星霜を経過したるを知るべし。而して其の間賭博行為を為したる事迹《じせき》の認むべきものなしとせば、該前科たる賭博犯行当時に於ける被告の賭博慣行の習癖は爾後中絶したりと認むるを妥当とすべく、斯の如く長年月間賭博行為を敢てせざりしに拘らず猶且《なおかつ》賭博慣行の習癖を持続したりと為すが如きは、明に実験法則に違背するものと謂わざるべからず。」

と云うのである。しかして大審院は自ら事実審理をして刑の宣告をしたらしいが、その結末は判例集中に報告されていない。おそらく刑法第一八五条「偶然の輸贏《しゆえい》に関し財物を以て博戯又は賭事を為したる者は千円以下の罰金又は科料に処す」によって処断したのであろう。しかして刑法第五六条によると十年前の前科については累犯加重の問題も起り得ない。

第五一話　口語体の上告文

前段に口語体の上告文が出た。弁護士の書いた口語体の上告文も大審院判例集に時として見えるが、当時者本人たる素人《しろうと》が上告文を書く場合には口語体が多かろうと想像される。そして素人の書いた上告文には定めし意味不通判読にも苦しむようなものが少なからぬことと推察されるが、稀には本人ならでは、そして素人ならでは書けない名文がある。比較的近頃の大審院判例集中二つの例が見出される。一つは昭和四年十二月十八日大審院第三刑事部判決（八巻刑六六七頁）中に引かれたもので、盛岡市の某牧師が社会民衆党に入党した廉《かど》で治安警察法により罰金十円に処せられたに対する上告文である。被告人自身が書いたと思われる口語体だが、中々行き届いて書けている。今一つは昭和五年九月六日大審院第三刑事部判決（九巻刑六五六頁）中に引かれた十八歳の少年の書いた口語体の上告文であるが、すこぶる情理を尽くした名文で、言葉のたどたどしいところが二三個所あるのがかえって少年自身で書いた趣きをあらわしている。少し長いが全文を掲げると、

「私は五月十三日に東京地方裁判所にて第二審の判決を受けました。私は一月十九日後四回に罪を犯して居たと申して居ますが、私は第一回の矢吹洋服店は盗んだに違い御座いませんけれど、杉末洋服店の方は盗んだ覚は少しも御座いません。又最後の草履《ぞうり》は私は盗んだのでは御座いません。唯道に立てる男が私が通ると此の風呂敷の中の物を買てくれ俺は二日も御飯を食べないのだと云うので、五十銭出して買取っただけで御座います。其れで警察に虜《とら》われた時に刑

事さんの前で申上たので御座ますが、何度申上てもお前が取ったのだと申して、さんざんに殴ったり蹴ったり致しました。其れで私も買った所を言った所が、其処から程近き所の下駄屋が盗まれたと申し出で、とうとう私が盗んだのでは無いと申上ても書類の中に書込んでしまった様な訳で御座います。其れから洋服店の方も私の知らざる物を盗んだと申し出て居ます故、其も其の様な事はした覚がないと申上ても其の語を聞いて下されず、私を呼出さずに一人の意見にて刑事さんが書いてしまったので御座います。私も諦めては居ましたものの、盗まざる物をまで一度刑務所に入って居るから盗んだのだと云われては残念で成りません故、被害者をよくお調べに成って今一度公判をお開きに成りて戴きたくお願申上ます。私は第一回の矢吹洋服店は合計にて一円五十銭ばかりで御座います。第二回の遠永の伯父の所は十六円三十銭ばかりで有ります。悪い事ではあると思って居ましたが、一夜泊った時に皮肉に出られたものですから、どうにでもなれと考へこれだけの事を犯したので御座います。私も再び刑務所に入れられて、唯今では申訳ないと毎日憂いて居ます。何卒《なにとぞ》今一度公判をお開きに成て、罪の幾分にてもお助けに成て戴きたく、お願申上げる次第にて御座います。私も明後年は兵役にも服さなければなりません故、確定刑の罪となして戴きたくお願申上ます。私が本年一月一日に川越を釈放になって家に帰って参りましても、近隣の人々は私に不思議を持って居ますし、職工と成て働かうと思った洋服店も、私が川越を出て来た事をお話致しますと、主人も内にはおけぬと云う様な口ぶりを致しました。其なれば少年刑務所に入って前科がつかぬと申しますが、長い間を費して刑に服すのも何のかいもなく、唯々時代遅な人間となるばかりだと私は思います。私も今度だけは兵役も近く外に出て新い勉強も致したいと思って居ます故、何卒此度だけは御寛大な処置をお取に成て、確定の刑となして戴きたく是非にお願申上ます。私も些少な此の事件は上告致す様な事では御座いませんが、盗まざる物を二回まで盗んだと云われましては、刑に服する所に於ては違はないで御座いましょうが、是非共一応被害者もお調べになって戴きたくお願申上ます。私の犯した二回の罪の四倍にされても申訳ない次第では御座いますが、不定期刑にて一年以上三年行く事は私としても此から中等学を勉強致し其の上に行きたいと思います故、何分此度だけは自分が盗んだ事は二回にて有りますれば、前に一度御座いますれども、家にて父様母様も引受けて下さるれば私も真面目に働きますから、執行猶予が出来ますれば預りたく、其も前科がありて駄目で御座りますれば、何卒確定刑として戴きたく申上る次第で御座います。私も此度は盗を致す気では有りませんでしたが、遂私如き人間でも使って下さる家を探して歩く内に腹がすいて参りました故、もと居た家に帰りて其の家人の暇《いとま》を見て金を持出だしたので御座います。刑を終て暇もなく再び犯して心から真面目になって居らぬとお思で御座いましょう。何卒此度だけは御寛大の処置にて確定の刑として頂度《いただきたく》、上告致した訳で御座いますけれども、私は罪を逃れようとは致して居ません。盗まざる物を盗んだと云われし事が私としても残念で御座います故、其の所をよくよくお調べに成り、是非共確定の刑となし下さる様お願申上ます。何卒此度の事件を御寛大に致して下さる様に上告したので御座います。よろしくお調べ下さる事お願申上ます。」

と云うのであって、真情人を動かすものがある。しかし法律的には必ずしも充分の理由ありと云えず、上告が棄却されたのも已《や》むを得ぬと思うが、折角これだけに陳弁愁訴しているのだから、同じく棄却するにしてもただ「御取上げに相成らぬぞ」だけでなく、納得の行く様に云って聞かせて遣って貰いたいものだ。ところが右の上告に対する大審院の判決が、

「因て記録を精査するに、司法警察官が被告人をして其の罪を自白せしむる為拷問を為したりと見るべき事跡なく、原判決の事実認定に於ても重大なる事実の誤謬あることなく、又刑の量定に於ても甚だしく不当なりと思料すべきものあるを見ず。……又被告人に於ては被害者の訊問を求むるも、本件に付事実審理を為すべき場合に非ざるを以て、採用するに由ナシ。論旨理由なし。」

と云う具合に、いわゆる「木で鼻括ったような挨拶」で一言の下に跳ね付けたのは、遺憾に思う。判決の方も口語体でも使って懇々説諭してほしかった。同じ第三刑事部の判決でも、前掲牧師入党事件の判決文は、口語体でこそなけれよほど親切に出来ている。

第五二話　口語体の判決文

古川柳に「下女の文あだかも話する如く」と云うのがある。川柳子のおきまりで、下女を嘲笑したものだが、しかし「あだかもはなしするごとく」手紙が書けたら大したものだ。僕は大の口語体信者で、法律の著書論文を口語体で書き始めた第一期生中の一人だが、書けば書くほど口語体が決して生やさしいものでないと云うことを痛感する。法律の著書論文に口語体が用いられてからまだ十年になるかならずだが、今日の普及振りは実に驚くべきものだ。しかしかようにます

ます用いられるにつけて、口語体の欠点がその長所と共に段々目につく。「改造」の昭和四年十一月号谷崎潤一郎氏の「現代口語文の欠点について」は、興味と同感とを以て熟読した。法律文としての口語体の短所は、威厳を欠くことと冗漫とだ、と普通に非難される。しかしそれは要するに口語体にまだ工夫洗錬が足りないからで、口語体といえども威厳と簡潔とを望み得ない訳はなかろうと思う。願わくは法律家も文芸家と口語文の完成に協力したいものだ。

僕の理想は法律の条文までが口語体で書かれるようになることである。しかしこの理想の実現はまだ前途遼遠らしく、現在では、法律の著書論文が過半口語体になったにかかわらず、法律に関する官公文書は依然たるコムマ・ピリオド抜きニゴリなしの文語体だ。大審院判事三宅正太郎氏は名古屋控訴院部長時代に口語体で判決文を書かれたもので、三宅君の友人として蔭ながら快心事としていた。その頃同判事の口語体判決文が大審院の問題となって、世間の注意を惹いたが、それは名古屋控訴院をナゴヤ控訴院と書いたと云う枝葉の問題で、口語体の判決が訴訟法上差し支えないことは無論の話だ。判決を口語体で書く最大の実益は、平易で了解しやすいと云うことの外に、過不及なく情理を尽くし得ることと思う。それが判決としては何より大切なことだ。「夫《そ》れ然《しか》り豈《あに》夫れ然らんや」式の漢文口調は、ややもすれば読む人を煙に捲くのみならず、書く人自身が文章の綾に眼をくらまされる危険がある。判決としては最も避くべきところである。判決文は論文ではなく説明なので、謂わば法廷で言い渡す言葉なのだから、「あだかもはなしするごとく」ありたいものだ。

谷崎氏が口語文における語尾の苦心を説いておられるのには、全く同感である。これだけの短文を書くにも、どうも語尾の重複を充分整理しかねる。ところで判決文を口語体で書くには、恐らく「主文」の語尾に一苦労あることと思う。「被告を懲役二年に処する。」と云うとどうもすわりが悪い。「被告は原告に金一千円を返せ」でよい筈だが、何だか物足らぬ感じもする。この「感じ」なるものがやはり相当大切なのだ。「あだかもはなしするごとく」と云ったところで、談話そのままと云う意味ではない。大阪弁の判事さんだからとて、「何々じゃさかい権利がおまへん」と書くべきであるまい。いわゆる言文一致の外国語だって、談話と文章とはおのずから違う。そこに今一段の工夫を要する。差し当りの問題としては、口語体判決文だから主文まで口語そのままでなくてはならぬと云うように拘泥するにも当るまい。主文はしばらく「何々に処す」「何々すべし」としておいて、将来の大成を期する方がよくはあるまいか。

ところが偶然にも私の注文通りの口語体判決文が手に入った。それは昭和四年十二月十二日松本区裁判所判事千種達夫氏の言い渡した判決だ。主文は文語体、理由は口語体、そして平がなで、句読も切ってある。ただ私の得た写しにはニゴリが付いていないが、もし原文にも付いていないのなら玉に瑕《きず》だ。事件も面白し、余り長くもないから、口語体判決文の模範的一例として、左にその全文を紹介したい。不必要な地名人名は伏字とし、関係者の氏名は仮名とし、ニゴリを付け、句読の切りそこないと思われる点を補正した。

判　決

長野県松本市〇〇町〇番地　　　　　　　　　原告　　山田忠一（仮名）

右訴訟代理人

弁護士　○○○○

同県東筑摩郡○○村字○○

被告　小林源吉（仮名）

同所

被告　小林ハル（仮名）

右当事者間の昭和四年（ハ）第一一三七号預金請求事件に付き次の様に判決す

主　文

原告の請求は之を棄却す

訴訟費用は原告の負担とす

事実及理由

原告は、被告両名は原告に対し金百参拾五円四拾五銭及之に対する昭和三年九月九日より完済まで年一割二分の金を支払うべしと判決を求め、其の原因として曰く、訴外伊藤一郎（仮名）は昭和三年六月九日被告源吉に金百参拾五円四拾五銭を、利息年一割五分、返済期昭和四年八月三十日の約束で消費寄託をし、被告ハルは其の保証をした。右伊藤は昭和四年十月四日右債権を原告に譲渡し、翌五日被告両名に其の旨の通知を為した。然《しか》るに被告等は之が支払をしないから、被告両名に対し、右金員及之に対する昭和三年六月九日より完済まで年一割五分の利息並《ならび》に損害金の支払を求めるのであると。被告両名は答弁して言うのに、原告から金の寄託を受けたことはない。被告源吉と原告前主一郎との間に大正十一年四月頃より男性間の情的関係があって屢々《しばしば》性的行為をした結果、被告源吉は健康を害する様になったので、被告源吉及其の妻被告ハルは昭和三年六月頃右一郎に対し従来の関係を絶って呉れと申出た。一郎はそれでは今まで被告源吉に少し宛《ずつ》やった金が合計百参拾五円四拾五銭になるから、右金額の預金証書に捺印するのでなければ被告等の申出に応ずることが出来ないと難題を持ちかけて聴き入れないので、已《や》むなく右証書に印を押したのであって、真実に金を支払う意思ではなかった。のみならず仮令《たとい》右の様な契約が成立したとしても、善良の風俗に反する無効の契約であるから、金の支払を請求せられる理由がないと。

当裁判所は之をしらべて見るのに、成立に争のない甲第一号証の預金証書には、原告の言う通りの契約文言が書いてはあるが、一郎と被告源吉との間に従来性的関係があって、被告両名は其の自ら言う様な事情で此の証書に印を捺したものであることは、証人○○○の証言及被吉源吉訊問の結果で明かである。証人伊藤一郎の証言は裁判所は信用しない。そうすれば被告両名は現実に金を一郎から受取って預ったのであるとは言えないが、少くとも百参拾五円四拾五銭に年一割五分の利息を加えて昭和四年八月三十日までに一郎に支払うと言う約束をしたことだけは間違のないことになる。被告両名は本当に金を払う意思でなかったのであるからと言うけれども、相手方たる一郎が被告の心の中を知り又知ることが出来たのでなければ、真意でなかったからとの理由では、契約を無効とすることは法律上出来ないことになっておる。然し被告源吉の訊問の結果でも分る様に一郎も源吉も共に妻ある身である。只でさえ良くない事であるのに、まして共に妻ある身でありながら私に此の様な男性間の性情行為をすることは、社会の善良の風俗に反すること一層甚しい。故にこう言う原因の為め已《すで》に遣った金の取返しを請求することの出来ないのは勿論、醜関係を絶つことを条件として、新に金の支払を約束すること も亦善良の風俗に違反する事柄を目的とする無効の法律行為である。社会の道徳に背く行為は法律は保護すべきではない。保護することは却《かえ》って悪い行為を奨励する様な結果になるからである。故にこの契約は無効であるから、一郎はこの契約を楯に取って被告等に金を支払えと迫ることも出来ないし、この権利を譲《ゆず》り受けたと称する原告の請求も亦容《ゆる》されない。それで原告の請求を棄却し、訴訟費用も負けた原告に負担させるものとして、主文の様に判決をした。

松本区裁判所

判事　千種達夫

この判決文を読んで愉快に思うのは、如何にも平易卒直で事理明白なことである。千種判事が従来口語体で判決されているのか、今回のが初めての試みであるのか知らぬが、恐らくこの事件の関係者が無学無識な人々なので、こう云う砕けた判決文を書くことが特に適切だったのではあるまいか。これならば法律を知らぬ原告被告その他の関係者が自身で読んでも、または読んで聞かせてもらっても、なぜ勝ったか、なぜ負けねばならなかったか、の納得が大体行くであろう。納得の行かぬことを「腑に落ちぬ」と云う。「胃の腑に落ち附かぬ」の意味だろう。胃の腑ももちろん丈夫にせねばならぬが、食物はどうか誰の胃の腑にも落ち附くように柔かに料理してもらいたいものだ。

第五三話　医者の広告

医師及び病院の広告については、左の如き取締規定がある。

「医師法第七条　医師は、何等の方法を以てするを問はず、業務上学位・称号及専門科名を除くの外、其の技能・療法又は経歴に関する広告を為すことを得ず。

同第十一条　………第七条………に違背したる者は、五百円以下の罰金又は十円以上の科料に処す。

明治四十二年内務省令第十九号第一条　病院医院其の他公衆の需《もとめ》に応じ診察治療を為す場所の設立者は、業務上、何等の方法を以てするを問はず、其の診察所・治療所の療法又は経歴に関する広告を為すことを得ず。

前項診察所又は治療所に於て診療に従事せしむる医師又は歯科医師の技能・療法又は経歴に関して亦前項に同じ。但し其の学位・称号及専門科名は此の限に在らず。

同第二条　第一条に違背したる者は百円以下の罰金に処す。」

なお歯科医師法第七条・第一一条及び獣医師法第八条・第一三条には、前掲医師法第七条・第一一条に相当する規定があって、獣医師法における刑罰が「三百円以下の罰金又は科料」となっている外は全然同一である。しかしてこの取締規定はすこぶる厳格に励行されているようで、大審院まで持ち出されたことが数回に及ぶゆえ、一体どんな広告をすると問題になるものか、大審院判例を拾ってみよう。

（一）医師が「帝国大学並《ならび》に順天堂病院三井慈善病院等に於て………研究中の処今般帰村し診療に従事す」と云う広告をして罰された。医師はこれは経歴の吹聴を目的としたのでなく帰村の報告を目的とした広告だと争ったが、大審院は「医師にして自己の業務上其経歴を叙述したる広告を為すときは、其所為たるや医師法第七条の犯罪を成立し、其広告の目的如何は其罪の成立に何等影響なきものとす。」と判決した。——明治四十三年五月三十一日大審院第一刑事部判決（「判決録」一六輯刑一〇二五頁）

（二）医師が新聞記者に自己の経歴技能等を語ってそれを紙上で紹介してくれと依頼し、記者がそれに基づいて「皮膚病の名医」と題する記事を新聞に載せたので、その医師が医師法違反で罰された。そこで被告は、

「自ら自己の経歴技能を新聞記者に語り世上に紹介せられんことを求めたる事実ありとするも、そのこれを掲ぐると否とは全く新聞記者の随意に一任し、且つそのこれを掲げたる記事が新聞記者の職責として記者その人の立場よりこれを掲げ、殊にその記事の掲載に関し指名せられたる当人が何等の負担をもなさず、即ち毫も自己の名義を以て或る事実を告白したる事なく、又自己の負担を以て記事の掲載を委託したる事実存せざるにおいては、これを以て医師法第七条に所謂広告をなしたるものとなすを得べからざるや甚だ明らかなりと信ず。」

と争ったが、大審院は、

「医師法第七条には……何等の方法を以てするを問わず…………とあるを以て、…………いやしくも新聞社員をして被告の経歴及び技能に関する事項をその新聞上に告白せしめたる以上

は、その告白は被告の名義を以てこれをなすと否と、又その事項掲載の費用は被告の負担に帰すると否とを問わず、医師法第十一条の犯罪を構成するや論を俟《ま》たず。」と判決して上告を棄却した。——明治四十五年二月十九日大審院第二刑事部判決（「判決録」一八輯刑一四九頁）

（三）医師が新聞に「肺炎子癇其他呼吸困難の病に対し酸素吸入療法を始む」る旨の広告をしたので処罰された。普通に行われる療法を挙げたのみで特殊詳細な療法の広告をした訳ではないと争ったが、大審院は、

「医師法第七条には医師は…………其技能療法又は経歴に関する広告を為すことを得ずと規定し、療法に付き更に制限する所なきを以て、これを詳密に示すと否と又特殊のものたると否とを問わず、苟《いやしく》も療法に付て広告を為したる医師は、同法第十一条の制裁を免るるを得ず。」と判決して上告を斥《しりぞ》けた。——大正二年九月二十七日大審院第三刑事部判決（「判決録」一九輯刑八九〇頁）

（四）医師が新聞に「古賀氏液（結核癩病）注射日（月水金曜日）六〇六号注射日（従前の通り）」と云う広告を出したが、その古賀氏液云々の部分が医師法違反だと云うので処罰されたので、右は単に日割りを示したのみであり、かつ古賀氏液の効能あることは公知の事実だと上告したが、大審院はやはり「医師が療法に関する広告を為すことに付ては、其療法が特定の疾病に対して特効あることの疑わしき場合なると然らざる場合なるとの別なく、汎《あまね》くこれを禁止する趣旨」であると判決した。——大正五年三月二十日大審院第二刑事部判決（「判決録」二二輯刑三八三頁）

（五）歯科医師が、「謹告」と題し「不肖儀昨年初冬歯科医術見学のため渡米暫《しば》らく不在仕り御愛顧各位に対し平素の御厚意に辜《こ》負《ふ》し甚だ恐縮の至に堪えず候漸《よう》く《や》本月三日を以て帰朝致候間……………帰朝の御報迄此段謹告す」と印刷した紙片三千枚を居村附近に配付した廉《かど》で、歯科医師法違反に問われた。弁護人はすこぶる巧妙な議論でそれが虚偽でも誇張でもなく単に帰朝の挨拶に過ぎない旨を主張したが、大審院は「苟も経歴に属するものたる以上は、必ずしも虚偽又は誇張のものたるに限らず、又其学歴たると実験上の経歴たるとを問わず、一切広告を許さざるもの」と解した。大正五年十一月十四日大審院第一刑事部判決（『判決録』二二輯刑一七四九頁）

（六）歯科医師が、ライオン歯磨本舗発行の「歯牙の技工及治療の順序を巧みに画ける」口腔衛生宣伝用のポスターの右上部に「盛岡市○○町○○歯科医院同市○町○○歯科治術所」と赤紙に白く印刷したものを貼り附けて盛岡市内の理髪屋湯屋旅館等十数ヶ所に掲げたため、歯科医師法違反で処罰された。――大正十二年四月二十三日大審院第二刑事部判決（二巻刑三五四頁）

（七）産科婦人科医が六年間に亘り「つわり病は必ず治癒す」と題する印刷物七千部、及び「妊婦の心得」と題する印刷物二千部を自宅に出入りする患者その他新聞雑誌記者等に配布した。それが学術論文でありまたは衛生心得であるならばよかったのだろうが、前者中には「時間と回数との多少ありと雖《いえども》、自己の療法にて全治すること確実なり、左れば三十万人の悪阻患者は軽症重症の別なく悉《ことごと》く之を救済し得《う》と云うも誇言に非ざる旨」、及び「何等損傷を蒙らしむることなく、患家に臨み之を行うことを得べく、治療日数は通例一週間長くも一週間を超ゆることなき旨」、即ち自己の技能と療法とを記載し、後者中には「当時唯一の医学校たる長谷川〔泰〕氏の済生学舎に入り之を卒業し、開業試験に合格したるは明治二十一年五月にて、開業後尚多納〔栄一郎〕氏に就き講習し、又は国家医学講習会・東京医科大学産科婦人科専科に入り、傍ら開業医として常に研究を怠らず、殊に産科婦人科に就ては多大なる熱心を以て研究に従事し、就中《なかんずく》医界に就て根治療法なしと唱えられたる悪阻に就ては特殊の技能を有する旨」、即ち自己の経歴を記載したと云うので処罰された。弁護人は上告審において、医師法第七条にいわゆる「広告とは、或事項を一般不特定人に知り得べき方法を以て表示するを云ひ、其の数の多少に関するものにあらず、例へば電柱に一個所だけ或事項を掲載したるときは其の数は僅一個なりとするも亦広告にして、本件の如く六年に亘り九千部を交付するも、之を日々に換算するときは、新患者に毎日平均三部宛《ずつ》を交付することになり、其の配布を受くる者は而《しか》も皆特定せるものなる………に依り、本件被告人の所為《しょい》は広告にあらずと云はざるべからず」と争ったが、大審院は「苟も不定多衆に了知せらるべき方法を以てこれが告知を為すに於ては、縦令《たとい》其の印刷物の配布を受けたる者が或限られたる人なりしとするも、其告知は広告たるの性質を失わざる」旨の判決をして、上告を棄却した。——大正十四年三月十一日大審院第三刑事部判決（四巻刑二二九頁）

（八）病院設立者が「○○薬局月報」と云う雑誌に「○○郡地方病民の一大福音」と題して載せた広告文中に、その病院の医師の氏名の頭に「名医」と云う文字を冠し、その雑誌一千部をその地方に配布し、また「○○病院へ内科大医○氏着任せられ一般診療せらるる由」と云う文句を印刷した広告ビラ一千枚をその地方に撒いたために処罰された。「名医」または「大医」と云うのは医者に対する尊称に過ぎず、医師の技能の広告にはならぬ、と争ったが、大審院は、

「医師の氏名に冠するに名医又は大医なる文字を以てし、其の者が診察治療に従事する旨の広告を為すときは、読者をして其の医師を診察上抜群の技能を有する者と思わしむるを以て、病院の設立者が其の設立に係る病院に於て診察治療に従事せしむべき医師に付斯る広告を為すは、即ち医師の技能に関する広告を為すものにして、明治四十二年内務省令第十九条第一条第二項に違背するものとす。」

と判決した。――昭和二年四月十五日大審院第六刑事部判決（六巻刑一五一頁）

（九）合名会社たる歯科医院が、「本院は十数年来の古き歴史と経験を有し歯科医院として最も必要なる口腔の消毒諸般設備の完全信用厚き歯科医として治療に従事しつつ有之候《これあり》処」と云う文句のあるビラを新聞折込広告として一般に配布し、前記内務省令違反で罰金を取られた。――昭和三年十月十九日大審院第四刑事部判決（七巻刑七〇一頁）

第五四話　父は子のために隠さず

南条正雄と云う少年が同年輩の少年数人と休日に小学校の運動場で遊んでいた。正雄は父親に買ってもらった空気銃で運動場に立っている梧桐《あおぎり》の北方一間の所からその根元を狙って発射したところ、その弾丸が外れて（木または地に当って跳ね返ったのか否か不明）梧桐の西南方五間余の所に立って眺めていた井上喜一と云う少年の右眼に中《あた》り、遂にその眼を失明させるに至った。そこで喜一の名で正雄の父に対して損害賠償並びに慰藉料請求の訴えが起された。

これが訴訟でなく普通の談判だったとしたら、加害少年の父は必ず何分頑是《がんぜ》ない子供の事だから勘弁してくれと云うだろうし、被害者側では子供とて容捨はならぬと頑張るかも知れない。ところが裁判となるとそれがアベコベだから妙だ。即ち本件の被告たる加害少年の父は、
「年齢既に十二年七个《か》月に達し国民普通教育なる尋常六学年を卒《お》えたる未成年者が、他人の物を盗むは不都合の所為《しょい》なりと認識する智能を有すると同時に、他人を傷くる事を以て不都合の所為なりと認識する智能を備うる事は、何人《なんぴと》も首肯する所なり。」
と主張し、原告の方がかえってその程度の少年ではその事の是非を弁別する智能を備えているとは認められないと争っている。どうしてこう云う現象を呈するか。それには現行法上なるほどそうならねばならぬ理由がある。

民法第七一二条に「未成年者が他人に損害を加へたる場合に於て、其行為の責任を弁識するに足るべき知能を具へざりしときは、其行為に付き賠償の責に任ぜず。」とあり、同第七一四条には「前二条の規定に依り無能力者に責任なき場合に於て、之を監督すべき法定の義務ある者は其無能力者が第三者に加へたる損害を賠償する責に任ず。」とある。そこで被害者側としては、普通に未成年者自身には碌な財産はなく、問題の空気銃その他玩具類などを差し押えてみたところで損害補塡の目的を達し得そうもないから、未成年者には責任なしと云うことにしてその親権者等から賠償を取りたいのである。それに対して親の方では、十四歳未満の子供の行為なら故意過失があっても刑事問題にはならぬ故（刑法第四一条）、民事上の責任は子供にあると云うことにして、一家の財産上の損害を免かれようとするのである。

それを裁判所はどう捌《さば》くであろうか。正雄少年は空気銃を弄《もてあそ》んで友人を傷つけるのが相済まぬ

事だ位は充分わかっているらしいゆえ、被告の主張通り子に損害賠償責任があって親には責任なしと云うことになりそうであるが、大審院は「民法第七一二条に所謂其行為の責任を弁識するに足るべき知能とは、道徳上不正の行為たることを弁識するに足る知能を謂《い》うものに非ずして、加害行為の法律上の責任を弁識するに足るべき知能を謂うもの」であると解釈し、結局子に責任なくして親に責任ありと云う結論に到達した。

ところでこの親の責任も絶対ではないのであって、前掲民法第七一四条には「監督義務者が其義務を怠らざりしときは此限に在らず」と云う但書が附いている。そこで本件でも被告側では子に空気銃を与えたにつき親に過失があると云うことが充分に証明されておらぬと争ったが、大審院は「若《も》し監督義務者に於て其責任の免脱を得んと欲せば、右監督の義務を怠らざりしことを進んで立証せざるべからざる」ものであると云うので、被告側から充分の反証を挙げ得ない以上親が損害賠償責任を負うのは当然だと判決した。――大正十年二月三日大審院第二民事部判決（「判決録」二七輯民一九三頁）

右の後段監督義務者に義務を怠らざりし旨の挙証責任ありと云う点は、民法第七一四条の法文上そう解釈されるのであって、実は同条が計画的に元来は原告が負わさるべき挙証責任を被告に負わせ、その証明が中々困難なところから、この場合の親の責任を実際上いわゆる「無過失責任」に傾かせているのである。そこへさらに大審院は前段の解釈で親が責任を負うべき場合を多からしめたのであるが、前段の解釈は民法第七一二条が予期したところではないかも知れない。即ち「法律上の責任を弁識する」と云うことは大人にもむずかしいかも知れず、もし民法第七一二条の「其行為の責任を弁識するに足るべき知能を具へざりしとき」と云うのが「其行為に関する法律関係を了解するだけの能力のないとき」と云う意味であるとするならば、未成年者が不法行為の責に任ずべき場合はよほど少なくなりそうで、民法第七一二条はどうもそこまでのつもりではなさそうだ。しかし子の不法行為について親に損害賠償をさせるのが実際上多くの場合に適当なので、判例が段々とその方に傾いて来るのである。

第五五話　廃物利用の罪

或る清涼飲料製造業者が大日本麦酒会社のシトロンの空瓶を買い入れ、それに自己製造のシトロンを詰めて販売したが、そのガラス瓶には「大日本麦酒会社の◎形の商標及びDNBを組合せたる商標」が焼き付けてあるので、当時の商標法第二三条第一項第一号「他人の登録商標若《もし》くは之を付したる容器・包装等を同一商品に使用したる者」に当ると云うので、「五年以下の懲役又は千円以下の罰金」に処せられまた大日本麦酒会社から損害賠償を請求される、と云う問題になった。被告側では、大日本麦酒会社のレッテルはもちろん全部剝がし、自家の商標レッテルを空瓶の焼付商標の上に貼り付けてこれを抹殺し（事実は全数の約一割程瓶の焼付商標の露出していたものがあるらしい）、口金も自家のを用いてあるから、商標法違反にならぬ、と争った。しかし大審院は、

「商標法第二三条第一項第一号に所謂他人の登録商標を付したる容器を使用するとは、必ずしも容器に付しある登録商標を原状の如く表現せしめて使用することを要せず、容器が商標の付

着しある状態に於て使用せらるるを以て足り、其表現すると否とは問う所に非ず、或は其一部若《も》しくは全部が掩蔽せられたる状態に在るを妨げず。蓋《けだ》し他人の登録商標を付しある容器を同一商品に使用する行為を処罰するは其商標の信用を保護する所以《ゆえん》なれば、該商標が認識し得べからざる程度に於て抹消せられざる限りは、其一部又は全部を一時的に掩蔽するも往往掩蔽物剝離して商標の影迹《えいじやく》を表現する場合少からざるべく、従て商標の信用を毀損する虞《おそれ》あるを免れざればなり。」

と判決して、被告の廃物利用を商標法違反と断定した。——大正十年一月二十一日大審院第一刑事部判決（「判決録」二七輯刑一七頁）

なお本件は旧商標法時代の話だが、その第二三条第一項第一号に当る新法（大正十年法律九九号）第三四条第一号には「他人の登録商標と同一若《も》しくは類似の商標を同一若は類似の商品に使用したる者」とあって、前掲「之を付したる容器・包装等」と云う文句がないが、商標入りの容器、包装の濫用は即ち商標其ものの濫用であるから、結局同じ事になるのだろうと思う。

第五六話　内縁の夫を他人扱い

大野ヨネと云う女戸主に樋口文太郎と云う内縁の夫があって、既に十数年同棲しているのだが、婚姻届が出ていないので、籍は別になっている。おそらく文太郎もまた自家の戸主である等のために法律上の手続きをせずにいたのであろう。二人の間に誠一と云う男子があって、初めはヨネの私生子として大野家の籍にはいっていたが、中学校入学の際私生子と云うのでは工合が悪いところから、文太郎が認知届けを出してその庶子と云うこととし、大野家を去って樋口家に入った。しかしこれはすべて戸籍上の話で、事実は十数年来親子三人水入らずの家庭生活をし来たったのである。ところが女戸主のヨネが死んだ。その際もし誠一がその家の籍にいたら当然法定の家督相続人なのだが、前記の事情で他家の籍にはいっているため、大野家には法定家督相続人がない次第、そこで親族会を開いて家督相続人を選定することになったところ、内縁の夫たる文太郎が親族会員に選任されなかったのみならず、親族会は前戸主の一人子たる誠一を除外して他の者を家督相続人に選定したので、文太郎は大いに憤慨し、民法第九五一条により親族会の決議に対する不服の訴えを起した。その主張は、前戸主ヨネはその実子誠一に家督相続をさせる意思だったのであって、誠一をその家の籍から出したのは前記の通り中学校入学の便宜のために外ならぬ。しかしてヨネは誠一に家督相続をさせ全財産を譲ると云うことを文太郎を始め信頼する人々に話していたのであって、今回親族会員になった人々もそれに異論なく、葬式の際にも誠一が位牌持ちをしたような次第である、しかるにいよいよ親族会で家督相続人を選定する段になって、故人の遺志に反し誠一を家督相続人たらしめなかったのは不当だ、と云うのである。

ところが裁判所は、第一審の名古屋地方裁判所も第二審の名古屋控訴院も、この主張の内容にまで立ち入らず、文太郎は親族会の決議に対して不服の訴えを起す資格がない者だと云うので、文太郎を敗訴させたが、大審院もその断案を是認し、「被相続人と事実上の夫婦関係ありたるのみにては民法第九五一条第九四四条に所謂利害関係人に該当せざる」により、文太郎はヨネの「家督相続人選定の為めにする親族会の決議に対して不服を訴うる適格者にあらず。」と判決した。

――大正十年三月二日大審院第三民事部判決（「判決録」二七輯民三九五頁）

この判決は二つの前提から出発している。第一に内縁の夫は親族でない、第二に利害関係人とは法律上の利害関係を有する者に限る、しかして内縁の夫は親族でもなく法律上の利害関係人でもないから、民法第九四四条によって親族会の招集を申請する資格もなく、第九五一条の不服の訴えを起す権利もない、と云うのである。しかしこれは実際の事情と制度の精神とから考えてどんなものだろうか。内縁の夫を法律上の親族とみないと云うのはともかくも、利害関係人とくらいはみてもよさそうなものではないか。利害関係人でなくてはと法律が云うのは、何ら関係のない弥次馬を防止する趣旨と解して、事実上の利害関係人をも含ますべきではあるまいか。文太郎の主張がすべて正当かどうかは分らぬとしても、前戸主の内縁の夫であり家督相続人に選定すべきか否か問題となるべき者の父であると云う事実上最も密接な利害関係ある者を他人扱いして、全然その主張や不服を持出す機会を与えぬのは、如何にも不穏当なように思われる。

第五七話　阿片の素通り

某中華民国人がウラジオで購入した阿片七十貫を上海へ輸送する途中、大阪築港内でその積み替えをしたためにそれが露見し、阿片法第三条第二項「政府の売下げたる阿片の外は売買授受所有又は所持することを得ず。」の禁に反したものとして、同法第九条第一項「二年以下の懲役又は千円以下の罰金」の制裁を受けた。そこで被告は、

「阿片法に所謂所持又は所有とは、日本国内に於て販売交換其他の方法を以て阿片を拡布し、

従て我国善良の風俗又は公の秩序を紊乱すべき虞《おそれ》ある場合、換言すれば阿片を使用又は処分することを目的とする場合の所持又は所有を指称し、斯かる所持又は所有を禁止したるものと解すべきものなり。……然るに原審に於て、阿片が単に我領域内を通過したりとの故を以て之を阿片法に所謂所有なりとして処罰したるは、全く法律の精神を無視したる不法の判決……と謂わざるべからず。」

と争ったが、大審院は、

「阿片法第三条第二項は阿片は帝国政府の売下げたるもの又は交付したるものにあらざれば絶対に帝国内に於て之を売買授受所有又は所持することを禁止したる規定にして、其売買授受所有又は所持の目的如何を問わざるものと解すべきを以て、縦令《たとい》所論の如く本件阿片が……帝国内に於て之を使用又は処分することを目的とせず、輸送の途中一時我帝国内を通過したるものなりとするも、原判示の如く被告が帝国内に於て之を所有し居りたる以上、前記法条の禁止規定に違背したるものなるを以て、原判の擬律は正当……」

と判決して上告を棄却した。——大正十年二月二日大審院第三刑事部判決（「判決録」二七輯刑四一頁）

第五八話　胎児と養子

古山長兵衛と云う戸主に実子がなかったので、大正二年五月二十九日にキヌ子と云う女子を養子にした。ところがその当時長兵衛の妻マツが懐胎しており、二ヶ月余の後八月十七日にトシ子と云う女子が生れた。ところが大正八年十一月二十五日に長兵衛が死亡したので、家督相続人は実子のトシ子か養子のキヌ子かと云う問題が起った。養子側に云わせると、養子縁組後に実子が生れたのだから当然養子が先順位だと云うことになるが、実子側は民法第九六八条「胎児は家督相続に付ては既に生れたるものと看做《みな》す」と云うのを引用し、キヌ子が養子になった時にトシ子は既に生れていたものと看做されるのだから、実子の方が先順位だと主張する。全体右の法文が曖昧なのだから問題になり得るが、大審院は、右の規定はかように相続開始の際既に生れていた子について適用せらるべきでなく、相続開始の際胎児である者の話である、即ち相続人は相続開始の際現在の者でなくてはならぬと云う原則があるために、もし生れていたならば当然相続人たるべきはずの者が、たまたま胎児である中《うち》に例えば父が死んだと云うようなことで、相続することが出来なくては気の毒だから、右のいわゆる「相続における継続の原則」に例外を設け、相続開始の際胎児であった者が後に活きて生れたら、相続開始当時既に生れていたものと看做して相続させようと云うだけのことであり、家督相続をなすべき者の年齢を懐胎の始めまで遡らせて計算し、それによって長幼の順序を定めようと云う趣旨ではない、と養子側に有利な解決をした。

――大正十年三月七日大審院第二民事部決定（「判決録」二七輯民四九九頁）

第五九話　酔墨淋漓

文人連が酒楼で会飲したとき、その座敷に立ててあった桜の花盛りを描いた金屏風に、一人が酔に乗じて「此処小便無用」となぐり書きしたので、主人が青くなったら、他の一人がその下に「花の山」と書き添えたので、屏風も主人も生き返った、と云う話があるが、これはまた似て非なる野暮な事件だ。貸座敷へ上がった酔客が、何か癪にさわったことでもあるのか、床に懸けてあった鯛と蝦《えび》とを書いた懸物の右上方に「不」の字、鯛の絵の中央に「吉」の字を大書したので、刑法第二六一条「……物を損壊又は傷害したる者は三年以下の懲役又は五百円以下の罰金若《も》しくは科料に処す」と云う箇条によって処罰された。それに対して弁護人は、第二審判決が「……字を墨にて大書し以て其用を為さざるに至らしめて之を毀棄し」と云っているのをつかまえ、被告は懸物自体に物質的損壊を加えてその用を失わしたのではないから、前掲条文にいわゆる「損壊又は傷害」と云うのに当らぬ、なるほどその懸物は右の落書のために価値を減少したかも知れないが、懸物としてはなお存続しこれを使用し得ぬことはないのだから、用をなさざるに至らしめたとは云い得ない、と上告した。しかしこれははなはだ強弁で、蝦で鯛を釣ると云う縁起を祝ったつもりであろう懸物へ不吉と大書してしまっては、もう「花の山」と書き添えると云うような救済方法もありそうでない。そこで大審院も、

「刑法第二六一条に所謂損壊とは、物質的に器物其物の形態を変更又は滅尽せしむる場合のみならず、事実上若くは感情上器物を其用方に従い使用すること能わざる状態に至らしめたる場合を包含す。」

と判決して、上告を棄却した。「感情上」とあるのが面白い。例えば一旦糞尿で汚した茶碗は如何に洗い清めても、「感情上」再び食器として用い得ない。――大正十年三月七日大審院第二刑事部判決（「判決録」二七輯刑一五八頁）

第六〇話　化粧品か薬品か

「荒れを止め肌理《きめ》を細かにし皮膚を柔軟にし色艶を良くしヒビを未発に防ぐの効験あり」と云う触れ込みで、「ベエリスリン」と名づける液を売り出した者があるが、売薬類似品だのに印紙を貼らずに売ったのは売薬税法違反だと云うので問題になったところ、第二審たる大分地方裁判所は、

「右『ベエリスリン』は百分中『リスリン』五十・硼酸《ほうさん》十・水四十の割合にて調製したるものにして、『リスリン』に水を和すれば腐敗の虞《おそれ》あるにより、之を防ぐ為め硼酸を配伍したるものに外ならず。故に『ベエリスリン』の効能用法は、『リスリン』に等しく、皮膚を軟かにし荒れを防ぎ『ヒビ』『アカギレ』を予防し、主として婦人の化粧用として用いるものなり。」即ち売薬類似品ではなくて化粧品であり、売薬税法による印紙の貼用を要せぬから、被告の所為《しょい》は犯罪を構成せぬ。

と判決した。それに対して検事から上告したところ、大審院はその上告を容れ、

「売薬税法施行規則第一一条には、薬品を用い又は之を配伍して製造したる物品にして、此の各号の一に該当する効験ありとして発売するものは、売薬税法第一九条に依る売薬類似品とす、一、疾病を予防すること、三、皮膚毛髪の色沢組織を変更し云々、四、疥癬其他皮膚の障害を除去すること、とあり。しかして叙上『ヒビ』『アカギレ』『アレ』等が身体一部の生活機能に障害を惹起する疾病の一種なること明瞭なるを以て、右疾病を予防し皮膚の組織を変更するに

効験あることを標榜する本品が、売薬類似品に該当すること勿論なりとす。」と云うので原判決を破毀し、被告を有罪と判決した。――大正十年四月二十九日大審院第一刑事部判決（「判決録」二七輯刑二五四頁）

第六一話　豆合戦

福島県安積《あさか》郡郡山町に甲乙二軒の菓子屋があって、いずれも砂糖豆を製造販売し、かつ郡山駅構内で競争的に呼び売りをさせていた。ところが明治四十二年十二月十九日甲は右の砂糖豆に用いるために「安積豆」と云う文字を主要部分とする商標の登録を出願し、従来の砂糖豆に改良を施してこれに「安積豆」と云う名前を附けたのだと云う風に申し立てて、明治四十三年二月十七日登録商標第三九六四四号として右商標の登録を受けた。そこで甲は他の菓子商に対して「安積豆」なる名称を用うべからずと圧迫したが、ことに乙菓子商に対しては、明治四十三年三月四日郡山区裁判所執達吏をして今後「安積豆」なる商標及びこれに類似の商標を使用すべからざる旨を催告させ、同年四月五日書面を以て乙の店舗屋上の看板から「安積豆」と云う文字を抹消すべしと請求した。それゆえ乙は「安積名物さとう豆」と云う名称を用いたところ、甲は明治四十四年三月十七日書留郵便でその名称をも使用すべからずと申し送り、大正六年十月八日には甲は乙を郡山区裁判所検事局に告訴した。さらに大正五年四月中から大正十一年八月一日まで「東北日報」その他の新聞雑誌に百数十回に亘って「登録商標安積豆本舗製造安積豆に類似品有之《これあり》候間御買求の節は商標に御注意願上候云々」と云う広告を掲載し、またその店では同様の印刷をしたペーパーを使用し、郡山駅構内外数箇所の広告板に「登録商標安積豆」と云う広告をして、他の品は模造品であるかの如く暗示した。

そこで他の菓子商ことに乙商店が憤慨し、大正四年十一月特許局に対して前記登録商標の無効審判を請求し、それが七年かかって、大正十一年四月二十九日右登録商標を無効とすと云う審決があり、その審決は同年七月五日確定したので、乙商店はさらに追撃戦に移り、信用毀損罪並びに商標法違反の告訴を郡山区裁判所検事局に提出した外に、同年七月三十一日福島地方裁判所に甲を相手取って損害賠償請求の訴えを起した。即ち「被告は明治四十三年三月七日より大正十一年九月十九日迄四千五百八十日間原告の営業を妨害し偽計を用いて原告の信用を毀損したり。原告は被告の右不法行為に因り一日金二十円の売上を減じ、為めに其の二割即ち一日金四円宛《ずつ》合計金一万八千三百二十円の得べかりし利益を喪失したるのみならず、其の間精神上の苦痛甚だしかりしを以て、之を慰藉《いしや》する為め一日金二円宛《ずつ》合計金九千百六十円を要すべく、」なお被告に対し前記の告訴を提起したにつき、「之が費用金三百五十円合計二万七千四百八十円の損害を被りたるところ、原告は右損害中既に大正六年一月九日より同十一年九月十九日迄二千八十日間の得べかりし利益の損害及慰藉料並《ならび》に前記訴訟費用合計一万二千八百三十円は前記公訴に附帯し私訴として請求したるを以て、其の余の明治四十三年三月七日より大正六年一月八日迄二千五百日間の得べかりし利益及《および》慰藉料合計一万五千円の損害賠償及之れに対する大正十一年八月五日より完済に至る迄の年五分の損害金を支払うべし」、また被告は原告に対し自費を以て東京諸新聞の福島版及び福島県下の諸新聞紙上に原告の要求する如き謝罪文を「各二号活字を以て毎月四の日五の日六の日の内三回宛《ずつ》十ヶ月間引続き掲載すべし」と大きく吹っ掛けた。しかして第一審では原告の主張が一部認められたが、第二審の宮城控訴院は民法第七二四条「不法行為に因る損害賠償の請求権は被害者が……損害及び加害者を知りたる時より三年間之を行はざるときは時効に因りて消滅す」と云う箇条を引用し、原告の請求は大正六年一月八日以前の損害に関するから、既に時効にかかっていると云うので、被告の抗弁を採用して原告の請求を全部棄却した。

そこで乙商店側から大審院に上告し、乙が大正四年十一月特許局に請求した商標無効審判が大正十一年七月にヤット確定したのであって、そこで初めて甲が無効の登録商標を楯に乙の営業を妨害したと云うことが明らかになり、それに基づいて乙が損害賠償を請求し得ることとなった次第ゆえ、消滅時効はその時から進行すべく、その後間もなく出訴したのだから、時効にかかるはずがない、と争った。その論はなるほどもっともらしく思われるが、大審院は実質論から甲の所《しょ》為《い》を不法行為とならぬと判断した。即ち「不法行為の成立には故意又は過失に因り他人の権利を侵害したることを必要とす。然るに本件に於て」甲はともかくも「安積豆」と云う商標の登録を受けていたのだから、後に登録商標無効の審決があったにしても、「右無効審決の確定に至る迄は商標権者として砂糖豆に安積豆なる商標を専用するの権利を有したるものとす。従って商標登録以後は他人の同一商品に右登録商標を使用することを禁止し得べきものなるを以て、甲が他人をして同一商標を使用することを禁止し其の他専用権行使の方法として採りたる所為は、特別の事情存せざる限り素《もと》より適法の行為にして、之を故意又は過失に因る権利侵害の行為と為すべきものにあらず。」と云うのだ。——昭和四年二月二十一日大審院第一民事部判決（八巻民九二頁）

第六二話　花骨牌《はながるた》月ヶ瀬探梅

　昭和三年二月大阪での話だが、甲乙丙の三友人が、十一日の紀元節から翌日にかけて月ヶ瀬へ探梅に行こうではないか、この勝負に負けた者がその旅費全部を負担しようと云うので、八日九日十日と続けて「八々」の花がるたをした。そのために三名は賭博罪に擬せられ、第二審たる大阪地方裁判所は刑法第一八五条「偶然の輸贏《しゆえい》に関し財物を以て博戯又は賭事を為したる者は千円以下の罰金又は科料に処す」を適用して、被告人を「各罰金百円に処し、右罰金を完納すること能わざるときは金二円を一日に換算したる期間労役場に留置す。押収の骨牌は之を没収す。」と云う判決をした。

　それに対する被告人側の主張は、賭博罪が成立するには、当事者間に「財物を賭する」と云う事実がなくてはならぬ、即ち偶然の事実による勝敗の結果として敗者から勝者に対して、一定の財物を給与すべきことを約するのが賭博である、しかるに本件では単に花骨牌の方法によって旅費の負担者を決定したのみで、財物を賭したのではないから、それに賭博罪を擬するのは不当だ、と云うのである。そして弁護士の引用した大審院の諸判例をみると、なるほど賭博とは「財物を賭する」ことだとあり、「財物を賭するとは賭博当事者相互の間に於て偶然の事実に因る勝敗の結果として敗者より勝者に一定の財物を給与すべきことを約するの謂《いい》」だと云っている。

　しかしながら裁判所は被告側のこの弁解に耳を仮さなかった。もっとも第二審たる大阪地方裁判所は、被告人丙の「二月十日自分は最も負け到底回復の見込みなしと思い、梅見の費用を全部負担する覚悟にて、午後一時帰宅する際……記載金額なき小切手一通を被告人甲に渡したる旨の供述」を引用し、やはり財物を賭したのだと云う風にほのめかしているが、それではさらに右の小切手の授受がなかったらどうかと云うことが問題になり得る。大審院はさすがにその点に拘泥せず、

「賭博罪は偶然の輸贏《しゆえい》に依り勝者及《および》敗者間に財物を得喪するものなること所論の如しと雖《いえども》、必ずしも敗者より勝者に対し直接財物を交付することを要するものに非ずして、勝者の負担すべき費用を敗者に於て負担するに於ては、勝者及び敗者の間に於ては縦《よ》し直接財物の授受なしとするも、勝者は其の支弁を免れ敗者は之を勝者に代って支弁するものなるが故に、二者の関係は其の支弁する金円を以て財物の得喪なりと認むるに足る」

ものと断定し、被告人を賭博罪で罰することを適法なりと判決した。——昭和四年二月十八日大審院第二刑事部判決（八巻刑七二頁）

ところがこの判決より数日前に、大審院は今一つの興味ある賭博事件の判決をした。月ヶ瀬探梅の判決は前記の通り、現金を授受しまたはその授受を約せずとも金銭上の負担を免かれさせることを約するだけで賭博罪が成り立つと云うのだが、これはまたいやしくも現金を賭ければ常に賭博罪になると云うのだ。或る会社員がその妾及び部下二人とともに、負けた者がビールを奢ると云うのでその代金たるべき少額の金銭を賭け、俗に「八十の馬鹿花」と称する花合せをしたために、賭博罪に問われた。被告人の弁護士は刑法第百八五条但書「一時の娯楽に供する物を賭したる者は此限りに在らず」と云うのを引用し、本件はちょうどこの但書に相当し、その場でとも

に飲むべきビールその物を賭けたのと差別すべき理由がなく、かつ「他人を混えずして準家族とも称すべきもののみにて、極めて少額の金銭を賭」けたので、「俗に所謂アミダ程度のもの」ゆえ、賭博と云うべき程度に達せぬと主張したが、昭和四年二月十二日大審院第一刑事部判決（「法律新聞」第二九四七号六頁）は、左の如き理由で被告人等を有罪なりとした。

「偶然の輸贏《しゆえい》に関し金銭を得喪の目的物と為したる場合に於ては、其の賭したる金銭の多寡に拘らず、其の物が金銭たるの性質上、之を以て娯楽に供する物を賭したりと謂うを得ず。……縦令《たとい》該賭博が家族又は主従の間に於て行われ、又其の贏《か》ち得たる金銭を後共同の娯楽に使用することの約束存したりとするも、是等の事由は賭博罪の成立を阻却するものに非ず。」

第六三話　今様常盤御前

亡夫の遺児の親権者たる寡婦が妻子のある歯科の妾となり、一戸を構えそれをその歯科医の出張所として夫婦同様に同棲し、一子を儲けるに至ったと云うので、夫の父即ち遺児らの祖父から「親権喪失の訴え」を受けた。即ち民法第八九六条「……母が……著しく不行跡なるときは裁判所は子の親族……の請求に因り其親権の喪失を宣告することを得《う》」と云う規定によるのだ。そこで被告側では、夫の死亡後生活の安定を欠くに至ったため、一面には生活の安定を得、一面には夫が死んだとき四歳と二歳だった二人の遺児を養育したいと云う考えから、実兄の諒解の下に心ならずもそう云うことになったのであって、淫楽のためではないのだから、その行為を民法第八九六条にいわゆる「著しき不行跡」とはなし得ないと争ったが、遂に親権喪失の宣告を受け、第

二審たる東京控訴院も前記の弁解に耳を仮さず、

「苟《いやし》くも親権者として其の子女を監督教育すべき任に在る者が、……妻子ある他の男子と同棲し、之と夫婦同様の生活を営むが如きは、其の目的の如何を問わず、之を認容すべきに非ざることは、一般社会の通念に照し明白なるを以て、仮令《たとい》控訴人の所為が其の主張の如き事情に基因するものとするも、猶且《なおかつ》著しき不行跡と認めざるを得ず。」

と判決した。ところでこの判決に対して上告するならば、どうしても利用せねばならぬ史上の先例がある。即ち「操を破って操を守った」常盤御前だ。弁護士は早速それを持出し、

「頼朝六弟有り云々。曰く今若、曰く乙若、曰く牛若、三児皆婢常盤の出なり。並《ならび》に母に従つて竜門の里に匿《かく》る。平氏之を索《もと》めて得ず。因《よ》りて常盤の母を捕ふ。常盤乃《すなわ》ち自ら出づ。清盛其色を悦び、密に之を挑む、肯《うなず》かず。其母涕泣して説くに禍福を以てす。已《や》むを得ずして之に従ふ。清盛乃ち三児を釈し、尽《ことごと》く僧と為さしむ。」

と云う『日本外史』の一説を引用して、弁論大いに力《つと》めた。なるほど常盤御前の貞不貞については、必ずしも上告理由に云うように「議したる者あるを聞かず」とも云えまいが、牛若丸の親権者たるに適せずと云う論は聞かないようだ。近松門左衛門も浄瑠璃「孕常盤《はらみときわ》」中の常盤御前に、

「自らは牛若とて……愛《いと》し子を持ちたれば、……迷ひとなるは牛若よ。それがいとしい故にこそ、敵《かたき》清盛に身を任せ、年月の物思ひ、傾城《けいせい》白拍子の憂勤《うれい》めも、是程にはよもあるまじ。……其苦みにたゆるも何故ぞ。牛若を世にあらせん為、天にも地にも万宝にも、替へじと思ふいとほしさ。」

は、

と云わせている。そこで昭和四年二月十三日の大審院第三民事部判決（「法律新聞」第二九五四号五頁）

「親権を有する寡婦が妻子ある他の男子と其の情を知りつつ同棲するが如き行為は素より擯斥《ひんせき》すべきものたること論を俟《ま》たずと雖《いえど》も、其の者の社会上の地位身分資力其の他特殊の事情の如何に依りては、未だ以て親権を喪失せしむべき著しき不行跡と目するを得ざる場合あるべく、裁判所が親権の喪失を宣告するに際《かぎ》りては、単に親権者に右の如き擯斥すべき行為ありたる事実のみを以て足れりとせず、須《すべか》らく其の事案に付《つき》前記各種事情の如何を審究参酌し、果して親権の喪失を来すべき著しき不行跡ありや否を認定することを要す。然るに原判決は、……毫も前記諸般の事情の如何を審究することなく、上告人の生活の安定並に子女の養育上已《や》むを得ざるに出でたる趣旨の抗弁を顧慮することなく排斥し去りたるは、審理不尽の不法あるを免れず。」

と云うので原判決を破毀し、今一度調べ直すようにと事件を東京控訴院に差し戻した。もっともその判決文に記載するところによれば、夫が死んだのは大正十三年十一月二十八日だが、妻が歯科医と関係したのは大正十三年八月頃からとあるゆえ（一戸を構えて歯科医と同棲し始めたのは大正十四年五月頃）、もしその日附けに間違いがないとすれば、この常盤御前は義朝在世中から清盛と私通していた次第で、少々『日本外史』通りに参らぬようだが、ともかくもそれらの事情をモット具体的に考慮しなくては、なるほど審理不尽に相違あるまい。

第六四話　棒利と天引き

利息制限法は明治十年太政官第六十六号布告であって、普通の六法全書類に載っている現行法令中では最古のものと思うが、その第四条は、

「第二条に依り定限利息の外総《すべ》て人民相互の契約を以て礼金棒利等の名目を用る者あるとも、総て裁判上無効の者とす」

と脱法行為に釘を差している。ところでこの「棒利」とは何かと云う質問を折々受けるが、「徳川禁令考」（後聚十七、嘉永三年五月十三日落著）に、

「貸金利息……証文面而已《のみ》金弐拾五両に付一分之利足定に致し置き、内実棒利と唱へ、期月迄に追々元金之内成崩しに請取り、利足之儀者《は》最初貸渡す節之元金高江《へ》割合取立て積み金子貸附くる故、右之内には拾三両余に付壱箇月壱分程之利合に当るも有之」

とあるので、大体わかる。なるほどこう云う方法も行われそうなことであるが、それよりもさらに一般的な高利貸しの慣用手段はいわゆる「天引き」であろう。即ち証文面の貸金額中からまず利息を引き去って残額を渡すのであって、「天利」を引くから「天引き」なのであろうが、最近の判例にこう云う実例があらわれた。それは昭和五年一月二十六日大審院第二民事部判決（九巻民四九頁）事件であって、右事件における貸金は金八百円及び金四千三百円の二口であるが、「右八百円の計算は、手数料金百六十円・弁済担保金二百円・担保物件踏査費金百円・制限外約定利子金四円を控除し、残金三百三十六円を交付したるに過ぎず」また「右金四千三百円の計算は、

手数料八百六十円・返済担保金五百円・制限外利子金百九円六十五銭・訴外某に代理弁済金四百円・登記料及旅費等金二百五十円・預証にて金七百円を控除し、残金千四百八十円三十五銭の交付を受けたるに過ぎず」と云うのだから、証文の表は合計金五千百円で「手取り」合計金千八百十六円三十五銭と云う次第で、実に驚くべき天引きである。そこで大審院はこの場合の借主は金五千百円を借りたのではなく金千八百十六円三十五銭を借りたものと見た。至極適切な解決である。

第六五話　「押売お断り」の押売

昭和六年十一月六日の「東京朝日新聞」七面に、近頃東京郊外に押売行商がはびこって困ると云う記事が出ていたが、中には「押売お断り」と印刷した紙を持廻り「この紙をはりだしておけば押売は参りません」と一枚十銭ずつに押売してあるく者があると云うに至っては、怪《け》しからんを通り過ぎて愛嬌がある。ところで訴訟においてもどうかするとこの押売屋の亜流がないでもない。話が少し古いが大正十年十二月六日大審院第一民事部判決（「判決録」二七輯民二一二二頁）の事件において、原告Xは弁護士AB両人を訴訟代理人とし、Aは更に弁護士Cを、またBは弁護士Dを復代理人とした。そして第二審の口頭弁論はACD三人がかりでやったが敗訴したので、さらに上告したが、その上告理由は、代理人と復代理人とが同時に本人を代理することは出来ない筈だのにAとCとが同時に出廷したのは違法である、またBはその当時死亡しており従って復代理人Dの代理権は消滅した筈であるのにそのDが出廷してXを代理したのは違法である、と云うのだ。しかし大審院はそれらの事柄を違法と認めず、上告を棄却してやはりXの敗訴になったのであって、その法律論は同事件に対する我妻〔栄〕教授の評釈（判例民法大正十年度一八三事件六二一頁）に譲るが、全体自分の方の「違法」を臆面もなく「押売」しようとは虫がよ過ぎる。

第六六話　配達された手紙は誰の物か

一体弁護士が上告理由としてあまりに枝葉なこじつけ理窟を大審院まで持ち出すことは、訴訟道徳としてはなはだ面白からぬことで、また訴訟戦術としても決して有利でない。第五話に刀の鞘の没収に苦情を附けた話を書いたが、さらにまたこう云う刑事事件がある。その事実は、

「被告人は十年前其の妻を失い独身の生活を為し居る内三年前より石川松太郎の妻ゆきと密かに情を通じ居たるところ、尚憚《はばか》らずして右松太郎よりゆきを離別せしめ之と夫婦たらんとし、ゆきが曾《かつ》て他人の妻たりし際松太郎と私通したることより離別せられ同人と夫婦となりたる間柄なるを熟知せるより、寧《むし》ろ右松太郎を脅迫して所期の目的を達せんことを企て、昭和三年十一月八日頃同人宛に『松太郎がゆきを取ったので元の男が大変残念がり人の姿を木で作り夫婦別れをせねば松太郎夫婦の命を呪うと言うから、別れよ』なる趣旨の書面を松太郎方に郵送し、因《よ》て同人がゆきを離別するに非ざれば危害の至ることあるべき旨を通告し、右松太郎を脅迫したるものなり。」

と云うのである。そして第二審裁判所は被告人を刑法第二二二条の脅迫罪として懲役三月に処し、かつ右の手紙をいわゆる犯罪供用物件として没収する旨の判決をした。そこで被告人の弁護士は

右の没収を違法なりとして上告した。即ち刑法第一九条には「没収は其物犯人以外の者に属せざるときに限る」とあるのに、既に被告人から相手方に郵送されてその所有に帰した手紙を没収したのは「違法にして破毀を免れざるもの」と云うのである。しかし昭和五年三月二十日大審院第五刑事部判決（九巻刑二二九頁）は、

「郵便に付せられたる書状が宛名人に到達し宛名人に於て之を所持するときと雖《いえども》、常に該書状は該宛名人の所有に属するものと謂うを得ず。蓋《けだ》し如上郵便物の宛名人が其の所有権を取得するは発送人よりの譲渡に因るものにして、他に特別なる原因あるに非ず。従て宛名人が其の所有権を取得するは之を取得せむとする意思を有する場合に限るべきは勿論なると共に、吾人は苟《いやしく》も自己に到達したる郵便は其の如何《いか》なるものたるを問わず総て其の所有権を取得せんとすと云うが如き意思を有するものに非ず。又到達したる郵便物を所持する場合と雖、或は発送人不明にして之を返送せんとするも返送すること能わざる為一時之を保管する等のことも無きに非ず。従て如上所持の事実あればとて直《じか》に之を以て所有権取得の意思に因るものと為すを得ざるや多言を俟《ま》たず。」

と云う判旨で、原審が問題の手紙を松太郎の所有に帰したるものにあらずと認定し、即ち「犯人以外の者に属せざる」ものとして没収したのは違法でないと判決した。配達された手紙の所有者論は興味ある民法問題で、なお大いに議論がありそうだが、その没収を非難した上告論旨は枝葉問題で一時遁《のが》れをしようとする小股すくいの兵法に過ぎず、正々堂々の論陣とは義理にも褒められない。

第六七話　父が夫・娘が妹

昭和六年四月十七日朝刊の諸新聞に、「父が夫になっている」などと云う見出しで、面白い記事が載っていた。甲男と乙女とが事実上の結婚をした後、丙女を養子に貰ったが、甲男乙女がまだ戸籍上の夫婦になっていないので、丙女は乙女の養子としてその籍にはいっていた。ところで甲男乙女は結婚後十年もたって法律上の手続きをすることとなり、代書人に婚姻届を書いてもらったところ、たまたま養母と養女とが「てる」と云う同名だったので、代書人が感違いをして甲男と丙女即ち養女に当る「てる」との婚姻届を書いて出してしまい、従って事実上は甲男乙女が夫婦であるのに戸籍上は甲男丙女が夫婦になっていた、と云うのだ。ところで問題になるのは、この間違った戸籍関係をどうして訂正するかである。ちょっと考えると、夫婦になっている甲男丙女が離婚届を出し、あらためて甲男と乙女とが婚姻届を出したらよさそうに思われるが、そいつはいけない。甲男丙女の婚姻によって乙女と甲男とは直系姻族になっているゆえ、甲男丙女の婚姻が解消しても甲男乙女は婚姻をなし得ないのである（民法第七七〇条）。それゆえ甲男と丙女の間でその一方が他方を相手取って婚姻無効確認の訴えを起すより外あるまい。婚姻無効の一場合として「人違い」と云うことが挙げられているが（民法第七七八条第一号）、本件はその好適例である。

昭和五年十二月二十三日大審院第四刑事部判決（九巻刑九四九頁）にあらわれた事件も奇怪である。或る男が未成年のC女を強姦した。強姦罪は親告罪でありその告訴は被害者の法定代理人からも出来るので（刑法第一八〇条・刑事訴訟法第二五八条・第二六〇条第一項）、C女の実父B男から告訴した。ところがC女はB男の実の娘であるけれども、戸籍上はB男の妹になっている。と云うのは、C女はB男と「他家に在る女との私通に因る子」であるところから、世間体を憚《はばか》ってかB男の父にして戸主なるA男とその妻との間の嫡出子として出生届をしたのであって、即ちC女は戸籍上はA男の子にしてB男の妹と云うことになっている。そこでB男から告訴したのでは具合が悪くはなかったかと気が附いたのであろう、後にさらに戸籍上の父たるA男からも告訴した。そして第二審たる東京控訴院はその告訴を容《い》れて被告人を懲役二年に処する旨の判決をしたが、大審院は適法なる告訴なしと云うので原判決を破毀し、自ら公訴棄却の判決をした。即ちB男は事実上の父だが私生子認知をしていないから法律上の父たる身分がないゆえ、その告訴は法定代理人の告訴と云う事にならぬ、またA男は戸籍上はC女の父となっているが、それは虚偽の届出による記載だから、A男はそれによってC女の父たる身分を取得せず、従ってA男の告訴もまた法定代理人の告訴ではない、さらにA男は戸主だから家族たるC女の法廷後見人だと云うかも知れぬが、これまた虚偽の届出の結果たる入籍ゆえ戸主家族の関係を生ぜぬ、要するに「本件に付ては適法の告訴なきを以て本件公訴提起の手続は違法にして其の効なきものとす」と云うので、懲役二年にも当るべき強姦犯人が大手を振って無罪放免になった。元来当初から被害者たるC女自身が告訴すればよかったのだが、前記大審院の判決があった時は事件から既に一年半もたっており、「親告罪の告訴は犯人を知りたる日より六月を経過したるときは之を為すことを得ず」（刑事訴訟法第二六五条第一項）と云う規定があるので、今更どうすることも出来ない。

第六八話　「鵺《ぬえ》に似たり」

ちょうど僕が大学一年の明治三十八年二月に当時我々が憲法の講義を聴きつつあった故穂積八束博士の「台湾総督ノ命令権ニ付キテ」と云う論文が「法学協会雑誌」（第二三巻第二号）に載った。（この論文は『穂積八束博士論文集』七二九頁以下に収められている。）これは明治二十九年法律第六十三号が台湾総督に「律令」と云う「法律の効力を有する命令」を発する権限を与えたことを違憲なりとする議論であって、当時「六三問題」とまで云われた有名な論争において最初から硬論を主張し来った博士が、「然《しか》れども未だ大方の賛同を得ること能はずして、此の事頃者復《はまた》世上の議に上らんとす。遺憾禁ずる能はざるものあり。」と云うので、さらに最後の止めを刺さんとしたのだが、その結語が振るっている。

「台湾に怪物あり。法律に非ず。又命令に非ず。律令と自称して白昼公行す。明治の昭代一の源三位なきか。嗚呼《ああ》源三位なきか。」

と云うのだ。律令を鵺《ぬえ》に譬《たと》え、自ら頼政に擬したところ、稚気ありと云わば云え、当時の大学生連一読三歎を禁ぜざりしものだ。その証拠にはこの一句と、美濃部〔達吉〕博士との論争中の「筆の重きこと杵《きね》の如し」と云う一句とは、今でも記憶している。

ところで頼政が射落した怪物は「鵺」（鵼とも書く）だと云うことになっているが、実は鵺ではないのだ。『平家物語』に、

「頭は猿、軀《むくろ》は狸、尾は蛇《くちなわ》、手足は虎の姿にて、鳴く声は鵼にぞ似たりける」とあり、謡曲の

「鴉」にも、

「頭は猿、尾は蛇、足手は虎の如くにて、鳴く声は鵺にぞ似たりけり。」

とある。即ち「ぬえ」と云うのは『古事記』中の歌や『万葉集』にも出ている鳥の名で、それらの古歌によっても不吉な声で鳴く鳥らしい。怪物の鳴き声がその鳥の声に似ていると云うだけの話で、鵺そのものだとはどこにも書いてない。そこで川柳子は、恐らく謡曲の文句の揚足取りであろう、「ぬえに似たりとはぬえでないと見え」と云っている。

この「似たり」とは即ち「でない」であると云うことは、法律の解釈上注意を要する。例えば「看做ス」と云うことには「同視する」と云う積極的意義があると同時に「同一物にあらず」と云う消極的意義のあることを忘れてはならぬ。例えば民法第八〇四条「日常の家事に付ては妻は夫の代理人と看做す」と云うのは、結局代理人ではないと云うことなのだ。第二〇話に引いた大正十三年一月十八日大審院第一民事部判決（三巻民一頁）の事件において、上告人が、

「民法第八〇四条第一項によって妻が夫の代理人と看做さるる以上、妻の日常の家事行為については民法総則代理の規定が適用さるべきであり、従って妻はその行為をするにつき民法第九九条の規定通り本人即ち夫の為めにすることを示さねばならぬ。」

と云う趣旨を主張しているが、それは明白に間違いで、妻は代理人と看做されるが代理人ではないのであるから、代理行為の要件に関する規定は適用がないのだ。また昭和三年四月二十八日大審院第四民事部判決（七巻民二三九頁）は、民法第七九一条「妻が未成年者なるときは成年の夫は其後見人の職務を行ふ」と云う規定から、この場合夫は妻の後見人なりと前提し、そして後見人

が被後見人に代って訴訟行為をするには民法第九二九条によって親族会の同意を要するのだが、被後見人が被告である場合はこの限りでないと解すべきだから、未成年の妻が訴えられた場合に夫がこれに代って訴訟行為をするには親族会の同意を要せぬ、と説明した。これもまた見当違いな議論であって、この場合「後見人の職務」を夫が行うだけで、夫が後見人になるのではない。いずれも「鵺に似たり」は「鵺でない」と云うことがハッキリせぬために、頼政の射落した怪物を鵺そのものなりとする誤りに陥ったものと云ってよかろう。

第六九話　五年目の立腹

鶴見祐輔君が米国でした演説中に、こう云う挿話があったと云う。

AがBを判事の前へ引っ張って来る。

A「判事様、Bが唯今イキナリ私をなぐりましたから、御処分を願います。」

B「Aが五年前に私の事を河馬《かば》と罵《ののし》ったから打《ぶ》ったのです。」

判「五年前に罵られたのに今日打つとはどうした訳じゃ。」

B「ハイ、私は昨日初めて動物園に行きました。」

すこぶる味のある一口話で、米国人大受けだったと云うが、鶴見君はこの笑話を用いて、米国の移民法に対して日本の与論がそれほどに勃発せぬのはまだ日本人一般がその真相を知らぬからで、他日その如何《いか》なる侮辱なるかを知ったならば、それこそ「重大ナル結果」を惹き起しますぞ、と警告するのだと云う。

ところが法律にもこの類《たぐい》がある。即ち民法第八一三条の規定中第六号に関する部分を書き直してみると、「夫婦の一方は配偶者より悪意を以て遺棄せられたるとき離婚の訴を提起することを得《う》」と云うことになるが、さらに第八一六条によれば、この訴えは「離婚の原因たる事実を知りたる時より一年を経過したる後は之を提起することを得ず」となっている。外の離婚原因の場合にはそれでもよかろうが、このいわゆる「悪意の遺棄」の場合には変な結果になり得る。例えば夫が妻を振り棄てて他の女と同棲し既に数年たったので、妻はいよいよ遺棄されたと諦めたが、しかしなお忍んで二年待っても三年待っても復帰しないので、とうとう離婚の訴えを起したとすると、離婚の理由はますます充分なるにもかかわらず、遺棄された事実を知った時から既に一年以上経過しているから訴権なし、と云うので却下されそうである。それゆえ物慣れた弁護士はそう云う場合に、原告は被告に棄てられて以来実は十何年になるのだが、原告としてはそれが悪意の遺棄だとは思っていなかったところ、去何月《さる》にこう云う出来事があったので、さては悪意で遺棄されたのかと気が附き、そこで離婚の訴えを起したのであって、即ち離婚原因の存在を知ってからまだ一年たっていない、と申し立てる。即ち正に「昨日初めて動物園に行きました」と云う申し立てをするのであって、裁判所も多くの場合その申し立てを是認して離婚の訴えを受理するのである。判例が少し古いが、大正二年九月二十六日東京控訴院民事第四部判決（「最近判例集」一三巻七九頁）はその好適例であるから、少々長いけれども判決理由の全文を掲げよう。

「本件の争《あらそい》は、夫が悪意を以て妻を遺棄し若《も》しくは同人に重大なる侮辱を加えたる事実あるや否や、又右の事実ありとせば本訴は妻が該事実を知りたる後一年内に提起せられたるや否やにあり。依《よっ》て先《ま》ず其悪意を以て遺棄せし事実あるや否やを按ずるに、証人石川幸蔵の、自分は妻の家の西隣に居住するものなるが、夫は二十年も以前より家には居らず、何処に暮らし居るやを自分は知らず、又妻は親の地所を耕作し且《か》つ小作をも為し母親と共に暮らし居れり、自分は明治四十四年中妻の家が火災に罹《かか》りたる日の翌日と大正元年中妻の父の葬式の日の翌日とに何《いず》れも夫が一寸《ちょっと》来て直《す》ぐ立去りたるを見受けし外、更に同人を見受けたることなき旨の供述、及《および》証人石川セイの、自分は妻方より一丁程隔り居る同人方の本家へ二十年程前嫁ぎ来りし者なるが、未だ一回も夫の顔を見たることなき旨の証言を綜合考覈《こうかく》するときは、夫が二十有余年前家出し爾来久しきに渉《わた》り絶えて妻を顧みざりしことを認むるに足れり。然《しか》るに夫が其家出後栃木県栃木町に於て妾と共に同棲し、尚妾腹に一子を挙げたることは、争なき事実にして、斯《か》くの如く夫が家出後二十有余年の久しき間妻を顧みずして妾と共に別に一家を構え居る事実あるに於ては、夫は悪意を以て妻を遺棄したるものと認むべきは当然なるにより妻は夫に対し離婚を求むるの権利を有するものなりと謂わざるを得ず。（中略）夫は、仮に夫が妻を遺棄したりとするも妻は明治四十四年中既に其事実を承知しながら爾後一年内に本訴を提起せざりしを以て、請求は失当なる旨抗弁すと雖《いえど》も、（中略）明治四十四年中妻の家の火災に罹りたる当時に於ける夫の妻に対する態度甚だ冷かなりしのみならず、大正元年十二月上旬妻の父死亡の当時に於ける態度頗《すこぶ》る冷酷なりしことを確むるに足るを以て、妻は前記十二月上旬なる父死亡の当時全く夫より悪意を以て遺棄せられたることを覚知せしものなりと推測することを得べし。然《しか》らば本訴は大正二年一月十三日を以て提起せられたること記録中の訴状に徴し明らかにして、其の提起が妻の右遺棄せられたることを覚知せしときより一年以内に係ることも亦明白なるが故に、妻は本訴を提起する権利を失いたるものにあらず。従って抗弁は其理由なし。」

第七〇話　細工過ぎる

第六八話に鵺の話が出たが、古川柳に「妖怪の中でも鵺は細工過ぎ」と云うのがある。なるほど頭は猿手足は虎胴は狸尾は蛇とあまり細工過ぎると、どうやら滑稽になって妖怪たる凄味が欠ける。法律行為もあまり細工過ぎるとかえって真意が疑われることになる。

林安吉と云う老人があった。明治二十九年十月二十二日に分家し分家の戸主として今日に至ったのであるが、昭和四年八月八日政五郎なるものを養子にした。そして昭和六年三月十七日に廃家をして本家の戸主林久一の家族としてその家に入籍した。新たに立てた家だから任意に廃家出来、本家の戸主が承諾すればその家に入籍し得るのである（民法第七六二条第一項・第七三七条）。その結果養子政五郎も当然本家に入籍した（民法第七六二条第一項）。しかしその即日に安吉は再び分家したが、養子政五郎はそのまま本家に残し、同日別に源次及び妻マツなる夫婦養子を迎えて右の新分家に入籍させた。そこで第一の養子政五郎が養父を相手取って訴えを起し、

「右廃家及之に伴う親族入籍並に分家次で為されたる被告（安吉）と源次夫妻との養子縁組が全部同一日に完了せられあるを以て観れば、其廃家及分家は畢竟相続人廃除に関する法律の規定を回避して原告（政五郎）を其の法定の推定家督相続人たる地位より廃除するの目的を遂げんが為其手段として企てられたるものなること明瞭なれば、仮令《たとい》其の廃家分家の個々の行為が之を各別に観察すれば何等法に牴触するところなしとするも、之を一括して観察するに於ては、訴に依らずして相続人の地位を剝奪することを許さざる法の禁止を潜脱するものと謂うべきを以て、右廃家分家の各行為は孰《いず》れも脱法行為として法律上無効なるべきこと論を俟《ま》たず。」

と主張した。それに対して被告側では、

「被告は文久三年生の高齢なるに加え、近時健康を害し医薬に親しむに至りしが、原告は昭和五年五月無断家出し何等の音信を為さざる為、他に家族なき被告は事実上全く単身戸主の如き状態に在りて、日常の起居生活にも頗《すこぶ》る不便を感ずる所より、止むなく本件廃家を為し、本家たる林久一家に入籍したり。然《しか》れども病身なる被告は、永く林久一家の家族として生活するに於ては戸主に対し心労尠《すく》なからざるより、更に単身分家し、生活の慰安を得んが為源次夫妻を養子として迎えたる如き次第にして、本件廃家及分家は決して原告主張の如き相続人廃除の目的を達せんが為めの手段として為したるものに非ざれば、無効となる謂《いわ》れなし。」

と争った。ところが裁判所は右の脱法行為なりや否やの問題に触れず、廃家とは自家を廃して他家に入ることと云う廃家の本質論から出発し、

「被告は廃家と同時に他家に入籍し居れるを以て、本件廃家は形式上一応適法なるが如しと雖《いえど》

も、被告が廃家と同日更に分家を為し居れる事実を併せ考覈《こうかく》するときは、被告には実質上毫も廃家を為すの必要なかりしに拘《かかわ》らず、其間何等か形式上斯《か》くせざるを得ざる必要の存するありたる為、廃家の手段に出でたるものと推認せざるを得ず。斯くの如きは廃家を認めたる法の趣旨に副《そ》わざるのみならず、実質上廃家と同時に他家に入ることを必要とする廃家の適法要件を充したるものとは到底謂《い》うを得ざれば、該廃家は法律上無効なりと断ぜざるを得ず。従て右廃家の有効なることを前提として為されたる本件分家も亦無効なること論を俟たず。被告は右廃家並に分家を為すに至りたる動機に付縷々《るる》陳述すれども、斯る事実は仮令《たとい》之を認め得べしとするも毫も叙上認定を左右するものにあらず。」

と判決した。昭和六年七月六日松江地方裁判所民事部判決（「法律新聞」第三二九八号一〇頁）である。

この判決は第一審で、まだ控訴上告があるかも知れないから、ここで右の判決理由の当否を批判することは差し控えるが、ともかくも一日の中《うち》に廃家・再分家そして養子縁組と云うのはあまりに小細工過ぎたと思う。もちろんこれは安吉老人の智慧ではない。誰か法律をかじった人が天晴《あっぱ》れ名案のつもりで取り計らったのだろうが、かえって事をむずかしくしてしまった。もしこの廃家分家がやはり有効であるとすると、本家に残された養子政五郎の地位が変なものになる。もしそれがいよいよ無効ときまると馬鹿を見るのは第二の養子源次夫妻だ。第一の養子が頼りにならぬから、それを廃して第二の養子を迎えたいと云う老人の希望はもっともなようだが、それならやはり正々堂々と悪意の遺棄を理由とする離縁の訴えで行くか、或いは家督相続人廃除の訴えを起すべきであった。

第七一話　親父が年下

「胸に手を当て考えみれば、親父おれより年が上」と云う都々逸《どどいつ》がある。ところが法律の方では「胸に手を当て考えみる」と親父が息子より年下の事を生ずるから面白い。昭和六年五月二十日大審院第四民事部判決（一〇巻民三四四頁「法律新聞」第三三六二号七頁）の事件がそれだ。

戸主工藤儀平に養男子譲一があり、譲一に実男子清雄があって、皆工藤家の籍にはいっていた。そして譲一が儀平の法定の推定家督相続人であったところ、大正二年二月二十五日に儀平と譲一とは協議離縁をして譲一は工藤家の籍から出た。そこで清雄が民法第九七四条により父の相続順位をいわゆる「代襲」して、儀平の法定の推定家督相続人になったのであるが、恐らく当人達はそんな法律関係には気が附かなかったのであろう。ところで譲一が離縁になったのは、「放蕩にして多く借財を為したる為物堅き養父儀平の怒に触れ」たのだとのことだが、その後親族等の詫び言もあったとかで、大正五年三月二十一日に儀平は再び譲一を養子としてその家に入れた。元来民法第八三九条に「法定の推定家督相続人たる男子ある者は男子を養子と為すことを得ず」とあるのだから、この場合既に清雄なる男の跡取りを有する戸主儀平が更に譲一を養子にすることは出来ない筈なのだが、戸籍吏がそこに気が付かなかったものか養子縁組届を受理したのであって、届が受理された以上その養子縁組は、取消され得べきものではあるが、ともかく成立したのである。要するに戸主儀平の家に養子譲一と譲一の実子清雄とが在ると云う当初の状態が復活した次第だ。

この状態において大正八年五月八日戸主儀平が死亡したので、養子譲一が家督相続届を出したところ、戸籍吏は再び法律関係を深く注意せずにその届を受理し、譲一が戸主と云うことになってそのまま四年たった。ところが大正十二年四月二十五日に至ってその子の清雄から親の譲一を相手取って家督相続回復の訴えを起し、どうやら親父の方の旗色があやしい。実はこの相続回復の訴えなるものがすこぶる眉唾物で、譲一が相変らず借金に苦しめられるところから、自分が相続しなかったことにして財産を息子の方に廻し、債権者に鼻明かせようとの魂胆らしい。それゆえ被告たる譲一は公判期日に欠席したり何かして、負けよう負けようとかかっている。そこで債権者たる川井某谷口某の両人が躍起となってその訴訟に参加し、家督相続人はやはり譲一であると横槍を入れた。その結果第一審は原告清雄の敗訴になったが、控訴審では譲一が敗訴し、譲一はそのまま引き下がろうとするので、川井谷口両人から上告したのが、前記大審院の事件である。しかし大審院はその上告を棄却し、遂に儀平の家督相続人は養子譲一でなくて孫の清雄だと云う事に確定したのであるが、その判決理由は、

「民法第七三〇条第一項によると、養親子間の親族関係は離縁によって全然消滅するのだから、離縁後養子が以前の養親と再び縁組しても、特別な規定のない限り後の縁組によって離縁前養家に於て有した身分を回復するものとは解し得ない。所が民法には、再度の縁組によって養子が従前養家に於て有せし身分を回復する旨の規定がない故、右の養子は家督相続についても後の縁組によって前に失った相続権を回復するものでなくして新にそれを取得するものと解すべく、従って民法第九七〇条第二項により、家督相続については再び嫡出子の身分を取得した時

に新に生れたものと看做す外ない。……即ち譲一は後の縁組により離縁前戸主儀平の養子として有した相続権を回復するものでなく、又譲一の離縁により民法第九七四条に従い譲一に代襲して儀平の家督相続人となった清雄は譲一の二度目の縁組によって其相続権を失うことなく、其縁組後も譲一より先順位に於て戸主儀平の法定の推定家督相続人たりしものと云うべく、従って其後儀平の死亡によって開始した家督相続の正当相続人は譲一にあらずして清雄なること明白である。」

と云うのである。即ち子たる清雄は明治三十八年二月十六日生れだが、親たる譲一は家督相続については再度の養子縁組の日たる大正五年三月二十一日に生れたものと看做され、即ち子の方が親より年長だから家督相続の先順位者だと云うことになる。

なお本件は大正八年五月八日に死亡した戸主につき大正十二年四月十二日相続争いが起り、その訴訟が昭和六年五月二十日に至って初めて片附いたのであって、満十二年ごたついた始末、「公事《くじ》三年」どころの話ではない。

第七二話　近所迷惑

昭和六年十一月十二日大阪地方裁判所第八民事部判決（「法律新聞」第三三三九号四頁）はすこぶる注目すべき判例である。日本興業銀行が神戸市中に支店として用うべき鉄筋コンクリート六階建てのビルディングを新築すると云うので、設計仕様書を渡してその工事を大林組に請負わせた。大林組はさらに三木英蔵にその仕様書に従って基礎工事をすることを下請けさせた。そこで三木は右の仕様書の指定通り隣家の建物の土台から三尺五寸の距離でその建物の全面に沿って土地を十八尺三寸の深さに掘り下げ、スティームハンマーで長さ七米の鉄板を打ち込む作業をした。その震動と地形の変化とのために隣地の地盤に弛みを生じ、地上の建物が傾斜して壁に亀裂を生じた。そこで右隣地の建物の所有者たる合資会社東洋商会が大林組に対して苦情を持ち込み、下請人たる三木は大林組から渡された仕様書通りに工事をしたのだから工事から生じた損害については大林組がその責《せめ》に任ずべきだと云うので（第七一六条但書）、傾斜復旧損傷修理に要した費用五千百四十二円八十三銭を損害賠償として昭和四年五月七日までに支払うべき旨を請求し、大林組を相手取って大阪地方裁判所に「右金額並《ならび》に之に対する昭和四年五月八日より右完済に至る迄年五分の損害金の支払を求むる」訴えを提起した。それに対して被告大林組は大体左の如く答弁した。

(1) 大林組は日本興業銀行から示された設計仕様書をそのまま三木に移したのであって、自ら三木に指図をしたのでないから、大林組の注文または指図に過失ありと云い得ない。

(2) 右仕様書に記載した土工方法は、現今の土木技術上最善の方法であって、右方法によって施工するときは、周囲の建物の基礎工事にして完全なる限り、その建物に損害を及ぼすことはない。

(3) もし東洋商会所有建物に損害があったとするならば、それはその建物自体の基礎工事が不完全なのに基因する。

(4) 市街地の建築においては隣接する建物との間隔を多く存することは事実上不可能であるのみならず、本件建築工事は所轄警察署から建築許可を受けており、即ち被告が右の工事を施行するのは適法行為であるから、原告所有の建物との距離僅かに四尺弱の所を掘り下げたとしても、何ら被告に過失ありと云い得ない。

要するに、たとい工事が隣家に損害を与えたとしても、それは適法行為であるから、不法行為による損害賠償責任を生ぜぬ、と云うのである。

しかるに大阪地方裁判所は右の答弁を認容せず、被告を敗訴せしめて原告請求通りの金額の損害賠償を命じたのであるが、その判決理由の要部を口語訳にしてみると、まず前記答弁の各項目につき、

(1) 被告は日本興業銀行から交付された仕様書の内容を熟知の上これを自己の仕様書として三木に示し、同人に対し右仕様書に基づき被告の指図に従い工事すべきことを命じたのであって、単に日本興業銀行の示した仕様書を三木に取次いだに止まるものでない。即ち被告は三木に仕様書を示して工事の注文をなしかつその工事を指図したものに外ならぬ。

(2) 右仕様書記載の方法は現在の土木技術上最善のものであって、これ以上完全にして実用に供し得べき方法は存せぬことを認めるが、たとい右最善の方法によっても、隣地の建物から僅か三尺五寸余の距離においてかかる工事を施行すれば、隣地の建物を傾斜させまた亀裂させる等の損傷を与えることを避け得ない事実は明白であるから、土木建築請負を業とする被告としては、仕様書を三木に交付するに当って、右仕様書に基づいて施工しても当然前記の如き結果を来たすべきことを予見したものと云うべく、仮に被告がそれを予見しなかったとすれば、それは当然予見し得べかりしものを被告の過失により予見しなかったに過ぎぬ。

(3) 原告所有建物の基礎工事にも多少不完全の点があった事実を認め得るが、問題の傾斜亀裂は直接には本件の土工工事を原因とするのであって、被害建物の基礎工事の不完全が特に著しい影響を及ぼしたと云う特別の事由は認められぬから、被告の責任に消長を来たさぬ。

(4) その工事につき警察署の許可があったとしても、行政官庁の認可は単に私人に対し工事の施行自体を許容するに止まり、その工事の施行により他人に及ぼすことあるべき一切の損害に対し工事施行者の責任を解除するものでない。

と説示し、そしてこれを総括して、

「社会的共同生活をする者の間に於ては、一人の行為が他人に不利益を及ぼすことのあるのは已《や》むを得ぬ所で、此場合にそれによる権利の侵害が常にすべて違法だと云えないのは勿論だが、如何なる権利侵害行為が其違法性を阻却されるかは、専《もっぱ》ら其行為に基づく不利益が社会観念上被害者に於て甘受又は認容されべきものと一般に認められるか否かによって決するのであって、社会観念上被害者に於てこれを甘受又は認容すべきものと一般に認められないものは、たとい其行為が権利の行使である場合であっても、不法行為を構成するものである。即ち日本興業銀行が所轄警察署から認可を受けた本件工事を其請負人たる被告が施行するのは、権利行使に外ならず、且《かつ》又神戸市の如き市街地に於て建物を建築する場合には、隣接家屋との間に多くの余地を存し得ないことは現在の経済上社会観念上已《や》むを得ない所であるから、隣地の居住者は工事のため生ずべき音響及び震動を甘受又は認容すべきものと認めるのが相当であるが、本件の如く工事施行地に隣接する建物に対し、『其敷地を沈下し之が為傾斜を来し、若《もし》くは其傾斜を増大せしめ、又は其壁体又は間仕切に亀裂を生ぜしめ、若は在来の亀裂面を拡大せしむる等』の損傷を生じた場合にあっては、我国現今の社会観念上被害者が其被害を甘受又は認容すべきものとは認め難いから、被告が三木に対して注文及び指図をした行為の違法性は阻却され難く、即ち被告は不法行為に基づく損害賠償責任を負わねばならぬ。」と結論した。この判決は実際問題としてもまた法理上もすこぶる重要なもので、不法行為責任が過失主義から無過失主義に進み適法行為に基づく損害賠償責任が認められるに至る道程の一里塚とも云うべく、前掲不法行為責任の根本精神論に至っては私のかねて主張するところ（「債権各論及び担保物権法」〔講義案〕九三頁）と一致するが、第一審判決のこととてまだ今後どう変化するかわからぬゆえ、しばらく事件を紹介するのみに止める。

第七三話　とんだ傍杖《そばづえ》

刑法の試験問題に出そうな事件が起った。某工場の観桜会で職工谷崎が酔払って仲間と喧嘩をしたが、その余憤であろう、散会後の帰途前方をあるいて行く職工川瀬に向い「コラ待て」と叫びながらビール壜を投げ附けた。ところがそれは川瀬に当らないで、川瀬と並んであるいていた職工原口の後頭部に当って裂傷を負わせ、原口はよろめく拍子に三尺余の高みから墜落し首の骨を折って即死した。谷崎は傷害致死罪（刑法第二〇五条第一項）に問われ、懲役二年に処せられた。

この事件の上告審において被告の弁護士は、谷崎は被害者原口に対して暴行を加える意思がなかったのだから傷害致死罪にはならぬ、と主張した。しかし昭和六年九月十四日大審院第一刑事部判決（一〇巻刑四四〇頁）は、「苟《いやしく》も人に対し故意に暴行を加えたるに因り傷害又は傷害致死の結果を生ぜしめたるときは、縦令《たとい》其の結果が犯人の目的とせず且《かつ》毫も意識せざりし人の上に生じたる場合と雖《いえども》傷害罪又は傷害致死罪の成立を妨げざるものとす」と判決して、上告を棄却した。これは刑法学者のいわゆる「打撃の錯誤」の問題で、十年前にも兄弟喧嘩をして投げ附けた糸繰台が当って母親を殺した事件があった（大正十一年五月九日大審院第一刑事部判決、一巻刑三一三頁）。

第七四話　秘密遺言

遺言は書面でされなくては法律上効力がない。しかして遺言書には「自筆証書」「公正証書」「秘密証書」の三形式があるが（民法第一〇六七条）、「秘密証書」による遺言と云うのは、左の順序で作られる（民法第一〇七〇条）。

(1) 本文は遺言者自身書いてもよし他人に書かせてもよいが、遺言者が遺言書に署名捺印する。
(2) 遺言者が遺言書を封じ、それに用いた印章で封印する。
(3) 遺言者が公証人一人及び証人二人以上の前にその封書を提出し、それが自己の遺言書なる旨及びそれはどこの誰が書いたかを申し立てる。
(4) 公証人が遺言書提出の日附け及び遺言者の申し立てた事項をその遺言書の封紙に書き附ける。
(5) 遺言者・証人及び公証人がその封紙に署名捺印する。

ところで遺言書の証人については、民法第一〇七四条にその無資格者が列されているが、その中に「受遺者」と云うのがはいっている。即ちその遺言によって遺産中から贈与を受くべき者はその遺言書の証人たる資格がないのである。そこでこう云う問題が起った。

戸主Aが秘密証書による遺言を作りBC両人が証人としてその封紙に署名した。Aの死後開封してみると、二通の遺言書がはいっていた。その一通にはDなる者を家督相続人に指定する旨が書かれていた。他の一通には財産の一部を数人に遺贈する旨が書いてあったが、その受遺者の中にBが加わっている。そこでその遺言に基づいてDが家督相続届けをしたのであるが、おそらくそれに対する利害関係からであろう、親族EからD外一名を相手取って遺言無効確認の訴えを起した。その理由は受遺者たるBが遺言の証人になっており、即ち証人が無資格者だからその遺言は無効だと云うのだ。第一審も第二審もその遺言を無効と判決した。

そこで上告されたが、上告理由は、

「秘密式遺言に在りては外部より其の内容を窺知《きち》するを得ざるを以て、何人《なんぴと》が受遺者なるや知るに由なし。偶々受遺者が其の遺言の証人たることありとするも、そは事後に於て発見せらるることにして、遺言当時に於ては公証人と雖《いえど》も其関係を知り得べからず。従て受遺者なるや否の点に付ては全然証人の資格を審査するに由なきものとす。果して然らば民法第一〇七四条第五号の受遺者とある規定は秘密式遺言には適用なきものと解するを以て事理に適したるものと信ず。」

と云うのであった。一理ある議論と思うが、大審院はそれを容れず、

「民法第一〇七四条第五号は受遺者を以て遺言の証人又は立会人たることを得ざるものとし、

その遺言の方法が公正証書に依るものなると秘密証書に依るものなるとを区別せざるのみならず、受遺者は其の遺言に付《つき》利害の関係を有すること公正証書に依る遺言なると秘密証書に依る遺言なるとに依り差異なきが故に、同条同号は公正証書に依る遺言なると秘密証書に依る遺言なるとを問わず受遺者は自己が受遺者となる遺言の証人たる資格を有せざる旨を定めたるものと解するを相当とす。」

と判決して問題の遺言を無効なりとした。——昭和六年六月十日大審院第四民事部判決（一〇巻民四〇九頁）

なお本件について問題となるのは、遺言書が二通同封されていたのだが、その双方とも無効か、と云うことである。即ち被告側では「該遺言の家督相続人指定の部分と財産分配に関する部分とは各《おのおの》独立したる別箇の遺言」であると主張し、しかして家督相続人指定の遺言についてはBは何ら関係がないゆえ、Bが証人になっても違法でなく、したがってその部分の遺言は無効にならぬ、と争ったが、裁判所は、右二通の書面は一箇の封筒内に同封されて秘密証書たる取扱いを受けたのであるから「右秘密証書に依る遺言は家督相続人の指定と財産分配に関する事項との二箇の内容を包含する一箇の遺言なり」と認めて、その全部を無効と判決した。

さらにまた、もしその遺言書が全部遺言者Aの自筆で書いてあったならば、秘密遺言としては無効でも自筆遺言として有効であったろうが（民法第一〇七一条）、本件の遺言書は自筆でなかったので、このいわゆる「無効行為の転換」も問題にならなかった。

第七五話　株主総会の泥試合

某大銀行の株主総会の席上で、株主清川が会社に対する攻撃的質問をしたところ、株主前田が会社の御味方を勧めた。（いずれもいわゆる「一株主」の類であろうか。）そこで口論になって、清川が前田を罵り、「黙れ。前科者奴《め》。お前はこの頃も監獄に行き保釈を許されている刑事被告人ではないか。また金でも貰おうと思い、会社に余計な提灯を持つのだろう。この会社ゴロ。前科者奴。」と連呼した。前田が怒って名誉毀損の告訴をしたので、清川は刑法第二三〇条第一項「公然事実を摘示し人の名誉を毀損したる者」に当ると云うので、三十円の罰金に処せられた。清川はそれに不服で上告し、

「問題を起した場所は株主総会の会場で、その際銀行重役と株主五、六十人とが出席していたが、株主と云う特定の人のみが出席すべき場所で、それ以外の者はいないはずである。しかして刑法第二三〇条に『公然』と云うのは、『不定多数の人をして認識せしむべき状態に置く』意味であるから、株主総会の席上で罵ったのは『公然事実を摘示し』と云うことにならない。」

と主張した。しかし大審院は、「公然」は「秘密」の反対に外ならず、いやしくも多数人の面前で公言した以上、たといその多数人が株主に限られていても、公然他人の名誉を毀損したことになる、と云う理由で上告を棄却した。――昭和六年六月十九日大審院第四刑事部判決（一〇巻刑二八七頁）

第七六話　公然とは何か

昭和三年にも前項と同趣旨の判決があった。某町の洋服商組合長が、「〇〇農学校〇〇実科女学校新入学生父兄に檄す」と題し、

「何某何某四名の者は、粗悪なる品物を組合よりも安価に提供するものの如く欺瞞し、両校新入学生父兄を迷わしつつあるものなるが、彼等は組合財産たる品代金を支払わず、組合費を滞納し、組合員の月掛金を横領し、金銭の貸借に関しても自己の責任を果さずして他の組合員に多大なる損害を与え、又顧客より註文ありたるを奇貨とし手附金を受取りたる後約束の洋服を提供せず、為に顧客に多大なる損害を被らしめ、遂に司直の手を煩すに至りたるが如き不正所為あり。其他大小の罪悪実に枚挙に遑《いとま》あらず。斯《かく》の如き毒素を有する者と行動を共にするは、動《やや》もすれば社会の誤解を招く虞《おそれ》あるを以て、組合総会の結果満場一致を以て除名したるものなり。」

と記載した書面を右父兄約百五十名に郵送した廉《かど》で、名誉毀損罪として三十円の罰金に処せられたが、昭和三年十二月十三日大審院第二刑事部判決（一〇巻刑七六六頁）は左の如く説示して上告を棄却した。

「凡そ名誉は社会的地位なるを以て、秘密に之を云為《うんい》するのみにては未だ以て之が毀損ありと云うを得ざるも、公然之を為すに於て始めて名誉毀損罪の成立するものとす。故に公然とは社会性を有し秘密にあらざる行為なるを指称し、苟《いやしく》も多数若《もし》くは不特定者に対し他人の名誉を毀

損するに足るべき文書を配布したるときは、其の之を受くる者の範囲に多少の制限あり又宛名人が特定せると否とに関せず名誉毀損罪は成立し、仮令《たとい》其の配布の方法が郵便に依りたりとするも、真に之を秘密に付することを要求し他に発表するを厳禁したるにあらざる以上は、之を公然と云うを妨げざるものとす。蓋《けだ》し其の配布を受くるに際しては特定せりと云うを得べきも、其の文書が転々して多数の者が之を知了するに至るべき虞あるに於ては茲《ここ》に公然性を有すればなり。」

第七七話　麻雀の勝負は技術か偶然か

麻雀の流行とともに、その問題が大審院にも出て来た。四名の者が点数一点に一銭を賭ける約束で麻雀の勝負をした廉《かど》で、賭博罪として各三十円の罰金を科せられたのに不服で上告し、麻雀なるものは、「囲碁に於けるが如く、其の勝敗は技術の優劣・経験の深浅に依り之を決し得るものにして」刑法第一八五条にいわゆる「偶然の輸贏《しゆえい》」を争うものではないから、その勝負に銭を賭けても賭博にはならぬ、と争った。しかし昭和六年五月二日大審院第三刑事部判決（一〇巻刑一九七頁）は、

「麻雀遊戯の勝敗は技術の優劣・経験の深浅に関係する所なきに非ずと雖《いえども》、其の勝敗が主として偶然の事項に基くものなること亦公知の事実に属す。故に原判決が金銭を賭したる麻雀遊戯を以て偶然の輸贏《しゆえい》を争うものと為したるは相当なり。」

と判決した。

第七八話　麻雀牌の売却

或る麻雀倶楽部が廃業したので、そこで使用していた麻雀牌七組をその経営者が合計百三十円で三人の者に売却したため、骨牌税法《こっぱいぜいほう》第一条に「骨牌の…………販売を為さむとする者は政府の免許を受くべし」とあり、また同第一四条に「免許を受けずして骨牌の販売を為したる者は五十円以上三百円以下の罰金に処す」とあるのに照して、罰金五十円を科せられた。しかしこれは明白に「販売」なる語の解釈を誤ったもので、昭和六年六月二十日大審院第三刑事部判決（一〇巻刑二九一頁）は、

「骨牌税法に所謂販売とは、骨牌の製造者もしくは輸入者より商品として引取りたる納税済の骨牌を世間一般の需要者に売渡す営業行為を指称するに止まり、買受人に於てこれが包裏《ほうか》もしくは貼用印紙を破毀して取出したる骨牌を有償的に他人に譲渡するが如き行為を包含せるものにあらず。」

と解釈して原判決を破毀し、無罪を言い渡した。なお右の判決文中の「包裏」と云う言葉は、骨牌税法及びその施行規則の用語だが、なぜこうむずかしい字が使いたいのだろう。

第七九話　神戸から大連へ

銃砲火薬類取締法違反の前科のある男が、なお懲りずまた昭和三年から四年にかけて十八回に亘り、拳銃九百七十七挺弾薬実包十一万四千七百五十発を無許可で神戸から大連に輸送した廉《かど》で、

同法第八条「銃砲火薬類の輸出は其の製造若《もしく》は販売の業を営む者又は特に行政官庁の許可を受けたる者に非ざれば之を為すことを得ず」に触れ、懲役八月に処せられた。そこで上告して、大連は帝国の租借地で中華民国の統治権の及ばぬ地ゆえ、神戸から大連へ積み出すのは「輸出」とは云えぬ、と争った。しかし昭和六年一月二十七日大審院第四刑事部判決（一〇巻刑一三頁）はその論旨に耳を仮さなかった。なるほど内地から朝鮮・台湾・関東州等へ積み出すのを「移出」と云い外国へ積み出す「輸出」と区別する用例もあるが、銃砲火薬類取締法にはそう云う区別がしてない。しかして内地・朝鮮・台湾・関東州等にそれぞれ別々の銃砲火薬類取締法令があり、これら各取締法令の施行地域を超えて他の地域に積み出すのは、外国に積み出すのと同様、同法にいわゆる「輸出」なのである。

第八〇話　大連から青島へ

禁制薬品たる塩酸「ヘロイン」を大連から青島《チンタオ》に船で運送した者があって、昭和三年外務省令第八号「支那に於ける阿片及《および》麻酔剤取締令」第三条「『モルヒネ』『コカイン』及其の塩類……は……所轄帝国領事官の許可を受くるに非ざれば之を支那国に輸入することを得ず」の違反として、懲役一月の処罰を受けた。上告審に於て被告は、大連も青島も同じく中華民国の版図内ゆえ、大連から青島へ入れたのを「支那国に輸入」とは云えない、と争ったが、昭和五年一月二十日大審院第二刑事部判決（九巻刑一頁）は、

「旅順大連の租借地に対しては、支那の統治権は之に及ばず、其の関税関係に付ても、商品が

大連に輸入せらるるも支那国に対する輸入とならず、日本国租借地の境界を越え支那国内地に輸入せられたる時に初めて支那国に対する輸入となるものにして、此の関係に於ては租借地は支那国以外と認めらるべきものなること、我国と支那国との間に於ける満洲に関する条約・南満洲及東部内蒙古に関する条約・並《ならびに》大連海関設置に関する協定の規定上之を解するに難《かた》からざるを以て、本件塩酸『ヘロイン』を大連より青島に運搬陸揚したる行為は、支那以外と認めらるべき租借地より支那国に輸入したるものと謂《い》うべく、所論の如く輸入の観念を容さざる同一支那国内に於ける廻送に過ぎざるものと称すべきに非ず。」

と説明して上告を棄却した。前話と併せて租借地法理の好事例である。しかしてこの両話にあらわれた両種の犯罪は、日支関係上の重大問題であって、我国民の深く反省すべきところと思う。

第八一話　一月二日は休日か

抵当権を有する債権者が抵当権の実行として債務者所有の不動産につき区裁判所に競売を申し立て、区裁判所は昭和四年十二月二十六日に競落許可の決定を言い渡した。債務者はその決定に対して地方裁判所に抗告すべく、昭和五年一月四日に抗告状を区裁判所に提出した。ところが地方裁判所はその抗告をいわゆる即時抗告の期間経過後のものとして棄却した。そこで債務者は大審院に再抗告したのである。なるほど民事訴訟法第四一五条第一項に「即時抗告の期間は裁判の告知ありたる日より一週間内に之を為すことを要す」とある。しかして本件の競落許可決定は十二月二十六日に言い渡されたのだから、その翌日たる十二月二十七日から起算して一週間と云うと、一月二日が最終日で、その日までに抗告をせねばならぬ。しかるに一月四日に抗告状を提出したのだから、抗告期間を守らなかったことになるのだ。

しかし民事訴訟法第一五六条第二項には「期間の末日が日曜日其の他の一般の休日に当るときは、期間は其翌日を以て満了す」とある。しかして明治六年太政官布告第二号及び同年太政官達第二二一号に、

自今休暇左の通被定《とおりさだめられ》候事

一月一日より三日迄

十二月二十九日より三十一日迄

とあって、それが今日まで現行制度である。即ち一月二日は一般官庁の休暇日であり、その翌日たる一月三日は元始祭の祭日であって、この場合抗告期間の末日たるべき日が引き続き休日に相当するゆえ、期間はさらにその翌日たる一月四日に満了する。したがって本件一月四日の抗告状提出は適法の期間内にされた抗告であるのに、それを期間後なりとて棄却した原審は違法である。これが債務者側の再抗告理由であった。

ところが昭和五年四月三十日大審院第四民事部決定（九巻民四二三頁）はその再抗告を棄却した。民事訴訟法第一五六条第二項は期間の末日が日曜日その他「一般の休日」に当るときの規定である。十二月二十九日ないし一月三日は、官公署の休暇日ではあるけれども、一月一日及び一月三日を除いては日曜日にあらざる限り一般の休日として指定されていない。それゆえ一月二日が期間の末日に当れば期間はその日に満了するのであって、その日までに抗告しなければ適法の抗告

がなかったことになるのは当然である。これが大審院の決定理由である。

私は大審院の見解を疑う。十二月二十九日ないし三十一日はなるほど「一般の休日」ではあるまいが、一月一日ないし三日はいわゆる「三ヶ日」で、一般の休日と昔と今も考えられているのではあるまいか。一月二日にしかも休暇中の官庁に対する行為をせよと云うのは、ほとんど不能を強いるもので、むしろ非常識な話ではないだろうか。

第八二話　三十一日目の総選挙

昭和五年一月二十一日に衆議院が解散を命ぜられた。次いで同年二月二十日に総選挙が行われた。ところが東京府第五区の選挙人某から選挙長たる東京府内務部長大場鑑次郎氏を相手取って大審院に選挙無効の訴えを起した。衆議院議員選挙法第一八条第三項に「総選挙は解散の日より三十日以内に之を行ふ」とあるのに、今回の選挙は解散後三十一日目に行われたからその選挙は不法無効だ、と云うのである。当時そう云う議論があって、試験訴訟が起されたのであるが、直接には同区当選の代議士高木正年氏に利害関係があるゆえ、同氏が被告側に参加した。

しかしこれは問題にならない。民法第一四〇条の「期間の初日は之を算入せず」の原則が特別の規定のない限り他の法令における期間の計算にも適用される。衆議院議員選挙法にも第七八条には「議員の任期は四年とし総選挙の期日より之を起算す」とあるゆえ、その場合には初日が算入されるのだが、前掲第一八条第三項にはそう云う文句がないから、期間は解散の翌日から起算される。即ち解散の翌日たる一月二十二日から起算すれば二月二十日がちょうど三十日目に当り、その日に行われた総選挙は違法無効ではない。昭和五年五月二十四日大審院第三民事部判決（九巻民四六八頁）はその趣旨で原告を敗訴させた。なお被告側では、

「総選挙の期日は勅令を以て定めらるるものにして、而《しか》も司法裁判所は勅令の是非を裁判すべき権能なきものなるが故に、本件は司法裁判所に管轄なきものと云うべきなり。」

と論じた。この点も面白い問題かと思うが、大審院は、

「本件訴旨の存する所は……東京府第五区の衆議院議員選挙其のものの無効宣言を求むるに在りて、所論の如き勅令の是非乃至《ないし》効力に対する裁判を訴求するものに非ず。」

と軽く片附けて問題にせず、前記別の理由で原告の請求を棄却した。

第八三話　十一月三十一日

或る人が額面三万五千円の約束手形を振出したが、その手形面に「振出日大正十四年十一月三十一日・満期日大正十五年六月三十日・振出地東京市」と記載した。しかして期日に至って受取人が手形金の支払いを請求して来たときに、振出人は「右手形に記載せられたる振出日は大正十四年十一月三十一日にして、斯くの如き日は暦に存せざるを以て、本件手形振出日の記載なきに帰し無効なり」と主張して、支払いを拒んだ。受取人は、右は単純な誤記であって、振出日は十一月三十日であること明白だから、手形の効力には影響がない、と争った。第一審の東京地方裁判所では受取人が勝訴したが、第二審の東京控訴院は、

「手形の振出日は暦に存する日を記載することを要するのであって、十一月三十一日と云うよ

うな無い日を書いた約束手形は結局振出日の記載がないことになり、その手形は無効と云わねばならぬ。右の記載が誤記であるにしても、手形面を見ただけではそれを何年何月何日の誤記と認むべきか――即ち十一月三十日の誤記か、十二月三十一日の誤記か、或いは十二月一日に昨日は三十日だから今日は三十一日と思って書いたものか――判定し難く、要するに振出日がハッキリ書いてないのだから、形式証券たる手形としては無効を免れない。」

と云う趣旨で受取人を敗訴させ、昭和六年五月二十二日大審院第五民事部判決（一〇巻民二六二頁）も原判決を維持した。

手形法理としてはやむを得ないところであろうが、そもそも自分が書き違えておきながらそれを自身の利益に主張すると云う虫のよいことを許すべきかを、当事者も裁判所も問題にしなかったことを遺憾に思う。

第八四話　罰酒料

第二四話「村八分」と題して、村落における共同絶交に関する判例数個を並べたが、さらにまた某村某字の「壮年団」の団長及び幹部数名が、団員中の数名を些細の理由により除名即ち共同絶交すべしと脅かして「罰酒料」若干を差し出させた廉《かど》で、暴力行為及び恐喝の併合罪として処罰された事件が起った。しかして右の原審判決に対する上告理由は、

「〇〇壮年団は字〇〇区内の壮年者中の入団希望者のみを以て組織する社交団体にして、其の規約には規約違反の者又は不徳行為を敢行したる者には除名又は罰酒料支払の制裁を科し又除

名者と交際したる者は同罪として罰酒料及《およ》び除名の制裁を科し得べき規定あり。故に○○壮年団に加盟するものは総て之を承諾の上入団したるものと認むべく、従て加盟者は入団と同時に団員と右規約と同趣旨の契約を締結したるものと看做《みな》すべきものとす。然るに原判決は○○壮年団は右の如き規約あることを無視し、……『尚罰酒料の如きに至りては、斯かる規約を設けたる場合之に基き任意に提供授受を遂ぐるは敢て法の関渉せざるに止り、毫も民事上の権利義務を生ぜざること明かにして、……恐喝罪の成立すること明かなり』と判示したり。然れども一定団体に於て団体規約の違反者に違約金又は罰酒代金を支払わしむべき条項あらんか、其の団体は違反者に対し之が支払を強要し得べく、若《も》し之に応ぜざらんか、訴訟上の請求もなし得べく、原判決判示の如き民事上の権利義務を生ぜざる次第にあらず。……然らば此の当然の権利行使は多少妥当を欠く行為ありしとするも、恐喝罪を構成するものに非ず。」

と云うのであったが、昭和三年八月三日大審院第一刑事部判決（七巻刑五三三頁）はその論を容れず、「一定の社交団体においてその会員に対し規約の違背を理由として規約の定むる所に従い除名その他の処分をするのは、団体の自衛上当然の措置であって、必ずしも右会員の権利を侵害したものと謂えないのが通常であるが、しかし『一定の地域に於て共同生活を為せる人類の集団が相結束し、之を社会的道徳感情に照して正当なりと認むべき理由あるに非ざるに拘わらず、些少の事由を口実と為し、集団中の特定人に対して将来一切の交通を謝絶し、独り往来存問吉凶相慶弔することを杜絶するのみならず、必要なる生活資料の有無相通ずること緩急相救助することをも絶対に遮断することを目的とする通俗に所謂村八分また町省《まちはぶき》の処分を為し之を通告する如きは』その特定人の人格を無視して共同生活に適せぬ一種の劣等者たる待遇をしようとするのであるから、個人の名誉を侵害する結果を生ずべき害悪を通告することとなりその通告を受けたものを恐怖させるに足りる。しかして契約の違反者に対して絶交処分をなすべき旨の特約が存する場合でも、その絶交通告が違法性を有するか否は絶交をなすべき正当の理由の有無によって定まるべきもので、単に特約があると云う一事で右の通告の違法性が除き去られるものではない。」

と云う趣旨で上告を棄却した。即ちこの事件の特色は除名または罰金の制裁を甘受すると云う特約が存する点であるが、その特約がかような私刑の刑事上の違法性を除去せず、また正当の理由なき共同絶交が違法である以上その違約金たる「罰酒料」の約束が民事上の権利義務を生ぜぬこと、誠に前掲大審院判決及び上告理由中に引用された第二審判決の通りであると思う。

第八五話　乱暴な催促

前項にもまた第三八話（「大審院の男子貞操論」）にも、権利の行使ならばその手段が不穏当でも犯罪にならぬと云うようなことが云われている。大審院その他の裁判所は従来取る権利のある財物なら脅して取っても恐喝罪にならぬと云う判例を繰返しているが、私はかく「目的が手段を神聖にする」ことを是認したくなかったところ、ここにこの点を明白ならしめた判例が出たのは喜ばしい。

債権者の代理人と称する者が三人連れで債務者方に押し掛け、債務の弁済を迫り、債務者の妻が目下主人旅行中ゆえ帰宅まで待たれたしと答えたところ、「主人不在でもわからぬはずはない。我々は命知らずだ。同類が二十人や三十人は迎えに行けばすぐやって来る。今すぐ金をよこさねば家でも何でも叩きこわす。」と口々に罵り、腕まくりをして今にも危害を加えそうな態度を示した。数日後再び三人連れで押掛け、今度は債務者を同様の言語態度で脅迫した。そこで裁判所はこの行為を「暴力行為等処罰に関する法律」第一条にいわゆる「団体若《も》しくは多衆を仮装して威力を示し」人を脅迫したものとして、懲役四月に処したところ、被告人等は例の判例を引用して上告した。しかし昭和五年五月二十六日大審院第二刑事部判決（九巻刑三四二頁）は左の如き説明をして上告を棄却した。

「恐喝罪は不法に利益を得る目的で人を恐喝し相手方をしてその財産に対し不利益な処分をなさしめるによって成立するものである。それゆえ法律上他人から財物または財産上の利益を受ける権利のある者がその権利実行のために恐喝手段を用いても恐喝罪にならないのは、その罪の構成要件の一たる財産上の不法利益と云う要件を欠くために外ならず、恐喝手段たる行為そのものが他の罪名に触れてもそれを不問に附すると云う趣旨ではなく、その行為に当る刑罰規定によって処罰せらるべきこと無論である。元来権利の行使は法律の認める範囲内においてのみなさるべきものであることもちろんであるから、その範囲を超越した行為で刑罰法規に触れる場合は、その限度においては権利の行使に属せず、犯罪行為となるのである。債権取立てのための行為も、法律上限度のあることで、本件被告人の行為の如きは、正《まさ》に権利行使の範囲を超越したものであり、恐喝罪にはならぬが脅迫罪を構成する。」

第八六話　国家の借金踏倒し

東京駐箚《ちゅうさつ》○国代理公使が大正十二年十二月五日に「振出地東京市・支払期日大正十三年三月四日・支払場所横浜正金銀行東京支店」とした額面二万円の約束手形二通を川西某宛てに振出し、川西はその一通を松木某に、他の一通を小笠原某に裏書譲渡した。松木小笠原両人は支払い期日に横浜正金銀行東京支店に行き、手形を呈示して支払いを求めたところ、○国公使館からの申し出があるにより支払いに応じ難いと云う理由で支払いを拒絶された。そこで公証人に依頼して支払拒絶証書を作成し、それ以来再三○国公使館に行って支払いを求めたが応じないので、両人は○国代表者たる○国公使（手形振出しの際の代理公使とは別人）を相手取って東京地方裁判所に手形金請求の訴訟を起した。そこで裁判所は、外務省を経て○国公使に応訴の意思ありや否やを確かめたところ、応訴する意思なきこと明白であるから、訴状を被告に送達する方法がなく、したがって本訴状は原告に差し戻すべきものである、と云う決定をした。原告はこの訴訟差戻命令に対して東京控訴院に抗告したが棄却されたので、さらに大審院に再抗告したのである。その抗告理由は、

「国家又は外交使節は他国の法権に服しない特権を有することは争わぬが、問題は本件の場合に○国又は○国公使がこの特権を拋棄しておりはせぬかと云うことである。原告の代理人が○国公使館に至り公使に面会して交渉した際、公使は本件債務は既に支払い済みだと主張し、しからば出訴すると告げたのに対し、『法廷に於て力争抗議する』旨を言明したのであって、

これ即ち応訴の意思の表明である。原告は裁判所に対しこの事実を上申したのに裁判所はこれを顧みず、正式に法廷に現われざる第三者たる田中〔義一〕外務大臣の書面を信用し、漫然○国公使に応訴の意思なしと判断したのは不法である。仮に一歩を譲って○国に応訴の意思のないことが明瞭だとしても、原告が適当に訴状を提出した以上、裁判所は口頭弁論期日を定めて訴状を被告に送達すべきである。しかるにこの手続きを採らず無下に訴状を差し戻したのは不法である。」

と云うのであった。しかし昭和三年十二月二十八日大審院第二民事部決定（七巻民一一二八頁）は、「国家は他国の権力作用に服すべきものではないから、民事訴訟においても外国は我国の裁判権に服しないのを原則とし、ただ外国が自ら進んで我国の裁判権に服する場合のみが例外であることは、国際法上疑いのないところである。その例外は或いは条約によって認められ、またはその訴訟につき若《も》しくは予《あらかじ》め将来の特定の訴訟事件につき外国が我国の裁判権に服すべき旨を表示するによって生ずる。ところでこの表示は常に国家から国家に対してすることを要するのであって、仮に外国と我臣民との間に民事訴訟につき外国が我国の裁判権に服すべき旨の協定をしたとしても、その協定自体からじかに外国をして我国の裁判権に服せしめる効果を生ずべきでない。（即ち外国が我外務当局に対してその旨を表示し、或いは我裁判所に対して訴訟を提起し、訴訟に参加しまたは応訴したのでなければ、外国がその特権を拋棄したと認むべきでない。本件についても○国公使が原告代理人に対して何と云ったとしても、それは法権服従の表示にならない。）次に我国の臣民から外国に対して訴訟の提起があった以上は、裁判所は訴状を相手方に送達し期日を定めて相手方を呼び出し、それによって応訴の有無即ちその外国が我国の裁判権に服する意思の有無を検《けみ》する機会を作るべきだと云う議論は、一理あるようにも聞えるが、我民事訴訟法上訴状の送達及び期日の呼び出しは裁判所の職権によってされるのであって、即ち我国権の行使に外ならぬゆえ、我国権に服せぬ外国に対してこれを行い得べきでない。」

と云う趣旨の説明をして抗告を棄却した。現在の国際法の原則からみて、こう云う結論になるのはやむを得ぬと思うが、国家が外国人に対する貸借売買等から生じた私法上の債務をかくして踏み倒し得ることは、国際信義上大問題ではあるまいか。

第八七話　夫婦同居の強制執行

夫が別居している妻に対して同居請求の訴えを起した。民法第七八九条第一項に「妻は夫と同居する義務を負ふ」とあって、妻は特別の理由がなければ夫の同居請求を拒むことが出来ない次第ゆえ、裁判所は妻は夫と同居すべき旨の判決を言い渡し、その判決が確定したが、妻はなお夫方に復帰しないので、夫は地方裁判所に、「決定の日より十五日内に夫の宅に復帰して同居すべし。若《も》し該期間内に履行せざるときは其の翌日より遅延日数に応じて一日に付《つき》金五円宛《ずつ》の賠償金を支払うべし。」との決定ありたき旨を申し立てた。即ち民事訴訟法第七三四条のいわゆる間接強制執行を請求したのであるが、裁判所はその請求を却下し、控訴院も抗告を棄却したので、夫はさらに再抗告をしたが、昭和五年九月三十日大審院第二民事部決定（九巻民九二六頁）もまたその抗告を棄却した。「夫婦間の同居義務の履行の如きは、債務者が任意に履行を為すに非ざれば債権の目的を達すること能わざること明《あきらか》なるを以て、」執達吏を差し向けて引っ張って来ると云う如き直接強制執行が許されぬのはもちろん、財布で首を絞める間接強制執行も許さるべきでないと云うのだ。なるほどその通りで、全体夫婦同居の権利義務を債権の債務のと云うのがおかしいくらいだ。しかしてかく強制執行が許されぬ義務ならば、裁判所がその履行を命ずる判定をするのも無意義ではないか、と云う疑いが起る。しかしそれとこれとは別問題で、同居を拒む正当な理由があるか否かを判断することは有意義であり、任意に判決に服従して同居義務が履行されることもあり、しかして同居を命ずる判決があったにもかかわらず夫または妻が同居義務を履行しなければ、離婚請求の充分な理由になる。本件においても夫は妻に対して離婚の訴えを起す外なかろうが、離婚の訴えを起せばおそらく勝訴するであろう。

第八八話　妻の衣類調度と夫の権利

別居せる妻阪本文子から夫阪本源六に対して物品引渡請求の訴えを起した。その主張は、

「文子は大正十四年十月媒介するものありて源六と結婚し、其の翌月婚姻の届出を為し、昭和三年七月二十七日迄同棲し居り、本件物件は文子が源六方に入りたる際持参したるものなり。然るに源六は多情多淫にして、文子と婚姻後多くの婦女と関係し、淫行止まず、家庭に波瀾を起さしめたり。又源六は性粗暴而《しか》も嫉妬心深く、文子が偶々隣家の男子と朝夕の挨拶を為せば醜関係あるべしと侮辱し、殴打監禁の虐待を加うる等暴虐の限りを極むるも文子は常に忍従し

貞順以て源六に事《つか》え、一意源六の態度の革《あらた》まらんことを祈りつつ数年に及びたるも其効なく、却《かえつ》て源六の狂暴益々加わり到底同居に堪えざるを以て、昭和三年七月二十七日実家に逃げ帰り、父をして源六に離婚を交渉せしめたる処、同月二十八日源六は離婚並《ならび》に本件物件を文子に返還すべきことを同意したり。然るに源六は離婚の届出に応ぜざるのみならず、或は実家に侵入して文子の衣類を盗み出し、或は文子及《および》文子の母を殴打し、或は文子が堕胎をなす虞《おそれ》ありと警察に虚偽の申告を為す等、侮辱の限りを加うるを以て、止《やむ》を得ず曩《さき》に源六に対し離婚の訴を高松地方裁判所に提起し、原告勝訴の判決を受け、相手方より控訴の申立を為し、目下審理中なる処、文子は前示契約に基き本件物件の返還を求む。仮に文子主張の如き物品返還の契約なかりしとするも、文子は右物件を所有するを以て、所有権に基き之が返還を請求す。」
と云うのである。しかし第一審及び第二審の裁判所は、物品返還の契約があった事を認めず、民法第八〇一条第一項に「夫は妻の財産を管理す」とある以上、離婚が確定するまでは夫に管理権があるのであって、たとい前記の如き別居の事情があっても、妻がその所有権を主張してその物品の引渡しを請求し得べきでない、と判決して妻を敗訴させた。

ところが昭和六年七月二十四日大審院第二民事部判決（一〇巻民七五〇頁）は妻の上告を容れて原判決を破毀したのであるが、その判決理由は大体左の通りで、実に近来の名判決であると思う。

「民法が夫をして妻の財産を管理させる所以《ゆえん》は、夫婦共同生活の平和を維持するとともに妻の財産の保護を目的とするものであること疑いを容れぬところであるから、夫婦生活が本件の如き破綻を生じた事情の下において妻がその日常生活に欠くべからざる衣類その他の調度品を請求するに対し、夫がそれを拒絶するについての特別の理由を主張せず、単に夫としての管理権を主張してその引渡しを拒絶するが如きは、明らかに妻その人を苦しめる目的を以てのみその権利を行使するものであって、権利の濫用に外ならぬ。しかるに原判決が単に夫に妻の財産に対する管理権ありと云う理由を以て直ちに妻の請求を排斥したのは失当である。」

第八九話　乱暴な薩摩守

近頃よくある話だが、横浜市桜木町駅前から三哩《マイル》一円のメーター附タクシーを雇って戸塚方面に走らせた乗客が、途中で突然運転手の後ろから手拭いをその首に巻き附けて強く引き締め、運転手が気絶している間に四円五十銭に当る乗車賃を支払わずに立ち去ったが、後に捕われて、強盗罪で懲役二年六月に処せられた。物を取りもせぬのに強盗罪とは、と云う疑問があろう。なるほど刑法第二三六条第一項に「暴行又は脅迫を以て他人の財物を強取したる者は強盗の罪と為し」とあるのには該当せぬが、同条第二項に「前項の方法を以て財産上不法の利益を得……たる者亦同じ。」とあるので、強盗罪と云うことになるのである。

ところが被告の弁護士はこう云って上告した。刑法第二三六条第一項は財物を奪取した場合であるから、それと対応する第二項は無理に意思表示をさせた場合でなくてはならぬ。即ち債権者を脅迫して債務免除の意思表示をさせたのならば強盗になるが、本件にはさような事実がないから強盗罪にならぬと。

昭和六年五月八日大審院第四刑事部判決（一〇巻刑二〇五頁）はこの抗弁を排斥し、左の如き趣旨で上告を棄却した。

「刑法第二三六条第一項の場合にも、被害者を畏怖させ財物を提供させてこれを受取ったのと、反抗を抑圧して加害者自ら進んで財物を奪取したのと二様あると同じく、同条第二項の罪にも、被害者に意思表示をさせて財産上の利得を得たのと、被害者の行為を待たずして利得を得たのと、両様あり得るのであって、被害者の意思表示を必要としない。即ち『債務の支払を免るる目的を以て暴行又は脅迫の手段に因り被害者をして債務の支払を請求せざる旨を表示せしめて支払を免れたると、右手段を用い被害者をして精神上又は肉体上支払の請求を為すこと能わざる状態に陥らしめ以て支払を免れたるとを問わず、共に暴行脅迫を以て財産上不法の利益を得たるものにして、強盗罪を構成するもの』と云わねばならぬ。本件の被告人も、下車の際運転手から賃金の請求を受けるからその支払いを免れようと云う考えで、運転手に暴行を加えて賃金の請求を不能ならしめ、それによって不法の利益を得たのであって、暴行と不法利得との間に因果関係のあることもちろんだから、強盗罪に当ること明白である。」

そこで一つ問題を出そう。この頃自動車を雇って日帰りの海水浴に行くことがはやる。これも実際あった話だが、運転手も客と一所に水泳している間に客が先へ上がって衣服を着け賃金を払わずに立ち去ってしまった。本件のが強盗罪ならこれは窃盗罪か。または何か他の罪になるか。或いは単に債務不履行か。

第九〇話　Trade Mark

大阪市の株式会社大平商会がその製造販売の作業服に「万力」と云う登録商標を附けていた。ところが名古屋市の板橋順吉と云う洋服商がその製造の類似の作業服に上に Trade Mark 下に Manriki とした無登録の商標を附けて売り出した。これ即ち商標法第三四条第一号「他人の登録商標と同一若《もしく》は類似の商標を同一若は類似の商品に使用したる者」及び同法第三五条第二号「登録を受けざる商標にして商標登録標記を附し若は商標登録標記に紛はしき表示を為したるものを商品に附したる者」に当り、一箇の行為が商標権侵害及び登録商標僭称の二罪に触れるのであるが、前の罪の方が刑が重いからそれに従うと云うので板橋は百五十円の罰金を科せられた。そこで控訴しさらに上告したのであるが、商標権侵害については両者の商標及び商品が類似にあらずと争い、登録商標僭称については、Trade Mark は単に商標と云う意味であり、登録商標は Registered Trade Mark である、二十年前には Trade Mark と云っただけで登録商標と思ったかも知れぬが、現代の文化は今少しく進んでいる、現在では小児の間食物たるキャラメルの包紙にさえチャント Registered Trade Mark と印刷してある次第で、Trade Mark と記載しただけでは登録商標僭称にはならぬ、と主張した。この後の議論は大審院の是認するところとなり、その理由で前判決は破毀されたが、商標権侵害については大審院は原審の認定を是認し、この上事実の審理をする必要はないから自判すると云うので、あらためて板橋に原審と同じく罰金百五十円を言い渡した。――昭和六年四月十六日第二刑事部判決（一〇巻刑一四七頁）

第九一話　陸湯《おかゆ》の温度

東京市内某所の湯屋でとんだ悲惨事が起った。母親及び親戚の婦人に伴われて入浴中の四歳の男児が熱湯を満たした陸湯《おかゆ》の壺に顚《ころ》げ落ち、すぐに引き上げたけれども全身に火傷《やけど》を負ったため、入院治療も効なく死亡したのである。そこでその児の父親から湯屋の主人を相手取り、「本件被害者は原告の長男にして、且《か》つ唯一の男子なるところ、原告は被告の不法行為に因り其の最愛の長男を喪い、且つ事急なりし為め悲歎更に深きものありて、之が為め精神上甚大なる損害を被りたり。」と云うので、金二千円の慰藉料を請求した。裁判所は原告の主張を認め、

「凡そ浴場を経営し之を業とする者は、公衆入浴の用に供する湯は常に適度の湿度を保たしめ、老幼の浴客に対しても入浴に付《つき》危険なからしむべき義務あるものと謂《い》うべく、浴場に於ける陸湯が所謂流し湯として浴槽内の湯に比して高温を保たしむるを通常とすと雖《いえど》も、右は右流し湯が入浴後の清爽を目的とする沐浴の用に供せらるるところに出ずるものと謂うべく、従て陸湯が浴槽内の湯に比し高温なるを常とする一事に依りては、浴槽に於けると陸湯壺に於けるとに依り浴場営業者に右義務を認むるに付《つき》差異を設くべきものにあらずと解するを相当とすべく、本件事故当時掩蓋の設《もうけ》なき右陸湯壺内に少く共《とも》九十度以上百度内外の熱湯を充満せしめありたる……以上、其の結果生じたるものと認むべき本件事故に付ては、反証なき限り被告に前記義務に違背したる過失あるものと謂わざるべからず。」

と判決したが、慰藉料の額は四百円を相当と認めた。これについてはおそらく、母親及び親戚の

婦人と大人が二人まで附いていながら世話が行き届かず、母親は「該陸湯壺附近に於て結髪中他の浴客の注意により初めて児の陸湯壺に顚落したるを覚知した」と云う如き、被害者側の過失も斟酌されているのであろうと思うが、「原告の精神上の苦痛は金四百円を以て慰藉せらるべきものと認む」と云う判決文の表現は、少々異様に聞える。——昭和六年四月二十五日東京地方裁判所第十一民事部判決（「法律新報」第二五七号二三頁）

第九二話　盗まれた指環

盗人が佐竹某から盗んだ指環一箇を古物商に売った。それをさらに第二の古物商遠山が百七十円で買った。遠山はその指環が盗品であることを知らず、いわゆる「善意無過失平穏公然」に手に入れたのだから、民法第一九三条及び第一九四条によれば、佐竹は遠山に百七十円の代償を弁償しなければその指環を取返せぬことになっている。ところが間もなく盗人が捕われ、盗んだ指環の行方も突き止められたので、県警察部は証拠品として遠山に右の指環を任意提供させ、遠山の承諾も経ないでそれを佐竹に「仮下渡」してしまった。そこで遠山は佐竹を相手取り、元来代償の弁償なしには引き渡すべき品でないのだから、指環を返すか、或いは百七十円を支払え、と云う訴えを起した。第二審の裁判所は、指環を返せと云う請求は立たぬが、佐竹は遠山に百七十円を弁償すべし、と判決した。佐竹は上告して、指環は実価百円未満のものだから、自分は百七十円を弁償してまで指環を回復する意思はないのだ、しかるに原審が百七十円を払って指環を所持しろと強いるのは不当だ、と争った。ところが昭和四年十二月十一日大審院第四民事部判決（八巻民九二三頁）は原判決を破毀し、遠山は指環の引き渡しを請求することも代金の弁償を請求することも出来ない、と判決した。

　これは中々込み入った問題だから、ここで評論はせぬが（「判例民事」昭和四年度二六八頁以下に我妻〔栄〕教授が詳論しておられる）、民法だけの問題としては、即ち遠山が古物商でなく素人だったとしたら、やはり原告の請求通り、佐竹は遠山に指環を渡すかしからずんば代金を弁償すべし、と判決するのが、法理にも実際にも一番適すると思う。しかし遠山は古物商だから古物商取締法の適用を受ける。同法第一七条に「古物商の買受け又は交換したる物品にして遺失物又は贓物《ぞうぶつ》に係るときは、営業者よりしたると否とを問わず、警察官に於て之を徴収し被害者に還付することを得《う》」とある。もし警察がこの処分をしたのだったら、遠山は一言もなかったところだ。本件では「任意提供」させて「仮下渡」にしたのだと云うことになっているが、結局は徴収還付になるべき運命の品なのだから、大審院の解決がつまりは正当と云うことになる。

第九三話　野次防止団

　衆議院議員選挙の際或る者が某候補の選挙委員から演説会のための「野次《やじ》防止団」の組織を依頼されその報酬を受けたと云う廉《かど》で、衆議院議員選挙法第一一二条第四号選挙運動者が財産上の利益の供与を受けた罪で処罰された。それに対して上告し、いわゆる野次防止は単に演説会場の整理であって「不逞漢の演説妨害封じを主とし、泥酔者乃至暴漢浪藉者の取静めに備うるための人夫配置に外ならず、」したがって「単に演説を妨害する野次封じの人夫と為り、又は其の人夫請負を為し、或は之を註文する如き、共に選挙法の規定せる選挙運動には非」ず、即ち被告は選挙運動者でないから、報酬を受けても選挙法違反にならぬ、と争った。しかし昭和六年四月十六日大審院第二刑事部判決（「法律新報」第二六〇号一八頁）は、

「選挙に関し単純なる機械的労務に服することは直に選挙運動と目すべからずと雖《いえども》、候補者に当選を得しむる目的を以て演説会に於ける妨害を排除し演説の遂行を完うせしむることは亦一種の選挙運動に外ならざれば、原判決が……被告人は……候補者の各演説会場に於ける野次防止団を組織し演説会を満足に遂行せしむべきことを依頼せられたるものと認定し、同人を選挙運動者と判示したるは相当なり。」

と判決して上告を棄却した。

第九四話　二月三十日

第八三話（「十一月三十一日」）に手形の振出日が十一月三十一日となっていた事件を語ったが、も一つ借金証文の弁済期日が「昭和三年二月三十日」と書いてある事件が起った。二月三十日と云う日はないのだが、前事件の手形とは違って証文にさような誤記があったからとて貸借が無効にはならぬ。ところで静岡地方裁判所では、昭和三年は閏年であることを知りながら、どう云う訳か「二月三十日」は「二月二十八日」の趣旨と判断し、被告は元金の外「弁済期の翌日なる昭和三年二月二十九日以降支払済迄年五分の割合による損害金を支払うべき」旨を決した。しかし昭和六年七月十一日大審院第三民事部判決（「法律新報」第二六三号一四頁）は「二月三十日」とは「二

月末日」即ち閏年たる昭和三年においては「二月二十九日」の趣旨と解し、したがって原審が二月二十九日から起算して損害金の支払いを命じたのは違法であると判決して、原判決を破毀した。

第九五話　年末の郵便物

これは私の郷里で起った事件だが、愛媛県宇和島市の某弁護士が、その担当の刑事事件につき広島控訴院が昭和四年十二月二十三日に言い渡した判決に対する上告申立書在中の書留郵便を、同年十二月二十六日午前宇和島市追手通郵便局に託して広島控訴院宛て発送した。その郵便物は十二月二十九日に広島控訴院に到達した。ところが上告期間は五日間ゆえ（刑事訴訟法第四一八条）、本件においては十二月二十八日までに上告せねばならぬのであるから、広島控訴院は期間経過後の上告としてその申し立てを棄却した。そこで右の弁護士は「宇和島追手通郵便局へ午前九時より十二時迄の間に差出したる広島市内宛の書留郵便信書は、逓送線路の故障を生ぜざる場合は翌日午後二時頃広島局へ到達し、市内地は当日配達となるべき順序なるも、年末は繁忙期間中なる為配達便数を減便せらるる関係上、当局差立後翌々日則ち三日目の配達となるやも計られず、尤《もつとも》確実の点は当局に於て判明不致《いたさず》」と云う宇和島郵便局の回答書を添えて広島控訴院に対し「上訴権回復の申立」をした。即ち刑事訴訟法第三八七条「上訴を為すことを得る者自己又は代人の責に帰すべからざる事由に因り上訴の提起期間内に上訴を為すこと能はざりしときは、原裁判所に上訴権回復の請求を為すことを得《う》」なる規定による申し立てであって、本件の場合上告書は遅くも十二月二十八日即ち上告期間内に到達すべきはずであったのに、郵便局の取扱い上延着したのであるから、上訴権の回復を許されたい、と云うのである。

しかるに広島控訴院は、前記刑事訴訟法第三八七条は郵便物の延着が「天災其の他避くべからざる事変に因りたる場合」に適用せらるべきである、と解して申し立てを斥《しりぞ》けたので、被告人側はその解釈を不当なりとして大審院に抗告した。しかし昭和五年二月十五日大審院第三刑事部決定（九巻刑七〇頁）は左の如く説明して抗告を棄却した。

「刑事訴訟法第三八七条に『上訴を為すことを得る者自己又は代人の責に帰すべからざる事由に因り上訴期間内に上訴を為すこと能はざりしとき』とあるのは、上訴の不能が天災その他避くべからざる事変に原因する場合に限らず、上訴権者または代人の故意または過失に基づかない一切の場合を包含するのであるから、原決定がこれを天災その他避くべからざる事変に原因する場合に限るものの如く説明したのは当を得ぬが、「我国現時の社会状態に於て遅くとも十二月二十日以後に至れば逐年郵便物の異常なる輻輳其の度を加え、為に之が集配に関する事務繁忙を極め停滞を来すことは、一般に顕著なる事実」である。それゆえこの時期における通常郵便物の差出人はその差出に際し当然平常の時期における差立逓送及び配達の便を受け得べしと期待することは出来ないのであって、むしろ多少の遅延の到底免れ難いことを予想することを要する。即ち本件の抗告人においても右の顕著なる事実に対して注意を払わなかった過失があるのであって、この場合の上告書の遅着を上訴権者または代人の責に帰すべからざる事由によるとは云い難い。したがって原審が上訴権回復の申し立てを許さなかったのは結局相当である。」

第九六話　執行猶予と罰金との軽重

背任罪の被告人が、第一審では「懲役六月に処し三年間その刑の執行を猶予す」る旨の宣告を受けたが、控訴して第二審では「罰金二百円に処す、右罰金を完納すること能わざるときは金二円を一日に換算したる期間被告人を労役場に留置す」と云う宣告を受けた。そこで被告人は左の趣旨の上告をした。

第一審の刑は懲役であるが、執行猶予が附いているから、その期間を無事に経過すれば犯罪は消滅し、いわゆる前科者にならずに済むのに、第二審は罰金刑だから永久に犯罪者たることが消滅せず、前科者の汚名を拭い去り得ないのみならず、一運送店員たる被告人の身分としては二百円の罰金は相当の重刑で、到底完納し得ないことは明らかであり、もしこれを納めなければ金二円を一日に換算されて百日間労役場に留置されることになり、かえって第一審の懲役三月より長期になる。要するに第一審よりも第二審の方が結局刑が重いことになり、刑事訴訟法第四〇三条「被告人控訴をなしたる事件……に付《つい》ては原判決の刑より重き刑を言渡すことを得ず」の精神に反する。

しかし昭和六年一月二十七日大審院第四刑事部判決（一〇巻刑二〇頁）はその上告を容れなかった。刑法第九条に「死刑、懲役、禁錮、罰金、拘留及び科料」とあり、同第一〇条に刑の軽重は「前条記載の順序に依る」と明示されているのであって、懲役刑に執行猶予が附いていたにしても、その猶予が取消されないとは請け合えず、他方罰金が留置に換刑されるか否か、また何日間留置されるかは、全然未必の事柄だから、それを云い立てて刑の軽重を論断すべきでなく、即ちたとい執行猶予附きでも前掲の規定の如く懲役の方が罰金より重いと云うのである。

第九七話　身代り事件

松山市沢田市太郎方自家用運転手清水勇が過って人を轢殺したことが業務上過失致死罪として起訴され、弁護士香川逸男がその弁護を引受けていたが、それは実は主人沢田が自身自動車を操縦中事故を惹起したのを清水がその罪を背負って身代りに出ていたのだったので、沢田は良心の呵責に堪えず、このままにしては清水に対しても面目ないゆえ自首したいと云うことを香川弁護士に申出た。しかるに香川弁護士は、「警察署も検事局も都合良く進行しているのを今さら覆《くつがえ》すのは都合が悪いからこのまま進行する方がよい」と語って、沢田の自首の決意を阻止し、公判に立会った際も清水が判事の訊問に対し自分が自動車を運転中事故を惹起したかの如く供述するのを黙認し、また実地検証の際も同一態度を採り、最終の公判までそれで通して、遂に真犯人沢田を隠避させた。それが後に露見して、香川弁護士は犯人隠避罪（刑法第一〇三条）で二百円の罰金に処せられた。同弁護士は、弁護士には「其業務上取扱ひたることに付知得《つきしりえ》たる人の秘密を漏泄」せぬ義務（刑法第一三四条第一項）があるから、真犯人が沢田であることを云う訳には行かず、かつ依頼者たる清水の意思に反して彼が真犯人にあらずと云う防禦をするのは依頼の趣旨に反する、と争ったが、昭和五年二月七日大審院第一刑事部判決（九巻刑五一頁）は左の如く説明して上告を棄却した。

「弁護人は、自己が弁護を引受けたる被告人に対し苟《いやしく》も検事より不当なる攻撃ありたるときは、被告人の意思如何に関せず其の攻撃を排除し、被告人が当該事件に付て有する利益を防衛すべき職責を有するものにして、此の職責たるや刑事訴訟法上の義務に外ならざるを以て、弁護人が其の職責を果すに当り、仮令《たとい》弁護士として業務上取扱いたることに付《つき》知り得たる人の秘密を漏泄《ろうせつ》する結果を生ずることありとせんも、違法を阻却し秘密漏泄罪成立せざるは勿論、何等法律上の責任を生ずることなく、従って……香川逸男は真犯人の清水勇に非ざる事実を知りたる以上、仮令弁護士たる業務上知り得たる秘密を漏泄する結果を来すも弁護を辞任せざる限り右事実を申述して公訴の不当なることを主張し且《かつ》之を証明せざるべからざる筋合なりし……なり。然り而して他人の犯罪を自己の犯罪なるかの如く虚構の申立を為し以て其の他人の犯罪の発見を妨阻する行為は、刑法第一〇三条所定の隠避罪を構成すべき……により……香川逸男の（前記の）行為は、勇が身代り犯人と為れる行為と相俟《まつ》て真犯人市太郎を隠避せしめたるものと云い得べきものとす。」

第九八話　教鞭を執る

文字通り教鞭を執る先生が時々ある。小川村小学校の代用教員吉武五郎が受持生徒安藤敏夫の不従順なのを怒って強く殴打し、全治三四週間を要する傷を負わせて一時は人事不省にまで陥らせた。敏夫の父徳之助及び母マツは大いに立腹し、吉武及び小川村を被告として、敏夫の名で慰藉料千円、徳之助及びマツは名誉毀損を理由として各金五百円、徳之助は敏夫の負傷を治療するに要した費用金百十七円九銭、合計二千百十七円九銭の損害賠償を請求した。裁判所は、吉武が敏夫に対して慰藉料金五十円及び徳之助に対して診療費八十一円六十三銭を支払うべきことを命じた外、その余の請求を棄却し、殊に小川村に対する請求については、小学教育は国の事務であって教員の任免監督は国の行政官庁たる府県知事が行うのであるから、「被用者」の行為につき事業主に責任を負わせる民法第七一五条の規定はこの場合に適用なく、即ち代用教員の不法行為により市町村に損害賠償の責任を負わせ得べきでない、と判決した。しかして昭和四年四月十八日大審院第一民事部判決（八巻民二八六頁）もまた、

「小学校令第六〇条及び第六一条によれば、小学教育が国の事務であること明白である。営造物たる小学校の設置維持管理が市町村の任務だからと云って、ただちに小学校教育そのものが国の事務でないとは云い得ない。小学校令第四四条・第四八条・明治二十八年勅令第二一八号等によれば、小学校教員は国の官吏でその任用並びに監督は国の行政機関たる府県知事が行い、市町村が行うのではないこと明らかであり、また小学校令第四二条及び同令施行規則第一六八条によると、代用教員の任用・解職及び懲戒処分もまた国の機関たる府県知事が行うのであって、市町村等が任用監督するのではない。なるほど代用教員は市町村から俸給その他の諸給与を受けるけれども任用監督をする者と費用を負担する者とは必ずしも同一であることを要せぬのであるから、それだけの事実ではまだ市町村が代用教員の任用及び監督をするとは云い得ない。」

と説明し、即ち代用教員は市町村の「被用者」ではないから、代用教員吉武の行為に対し小川村

に責任を負わせる訳に行かぬ、と判決した。

この事件と対になる判例は、徳島市の小学校で遊動円木の支柱が折れて生徒が死亡した事件に対する大正五年六月一日大審院第二民事部判決（二二輯民一〇八八頁）及び東京市神田区の小学校でやはり運動具の梯子が倒れて生徒が負傷した事件に対する大正七年十月二十一日大審院第二民事部判決（二四輯民二〇〇〇頁）であって、両判決ともその損害につき市が責に任ずべきものとしている。即ち小学校教員の不法行為についいては市町村は責任を負わず、小学校の物的設備から生ずる損害についいては市町村に賠償責任がある、と云う判例になっているのであって、それぞれ法律上の理窟がある次第だが、どうも権衡を失するようにも思われる。

第九九話　実費診療

某市に「相互診療組合」なるものがあり、診療所を設け医師数名を置いて組合員のために実費診療をしている。それに対してその地の医師会がやかましく言い立て、右診療所の医師達がその医師会の会員であるところから、診察料及び薬価は医師会の規約で定められているのに実費診察をするとは規約違反だと云うので、会長から戒告をしさらに総会の議決により四名の医師に各百五十円の過怠金を課した。しかし診療所の医師達はその議決に服従しないので、医師会長から四人を相手取って「過怠金請求の訴」を起したが、第一審の区裁判所で敗訴し、第二審の昭和六年十二月二十三日東京地方裁判所第三民事部判決（「法律新聞」第三六二号二頁）も控訴を棄却した。その理由は、被告たる医師達は診療組合に雇われて一定の給料を得ているのであって、診察料及び薬代が直接に医師達の所得になる訳でなく、しかもその診察費及び薬価は組合が規定したもので医師達が自由意思できめるのではないから、右の診察料及び薬価で組合員たる患者の診療をしたからと云って、医師の規約に違反したとは云えず、したがって過怠金を支払う義務はない、と云うのであった。

第一〇〇話　天に二日なし

同じ銀座のしかも二三丁の距離に「日輪」と云うレストランが二つ出来た。その一つが昭和五年十月二日に右の店名を商号として登記したところ、他方は同二十五日に「大阪日輪」と云う商号を登記した。そして後者は店頭に「大阪ニチリン」及び「大 Nichirin 阪」と云うネオンサインの看板を掲げているが「ニチリン」及び「Nichirin」は赤色大文字で目立つように「大阪」は紫色小文字で目立たぬ様になっており、ことに入口照明灯には「日輪」と云う文字を図案化してあらわし、また「日輪観桜デー」などと云う看板を出す、と云うような次第である。そこで「東京日輪」（前者を仮にそう呼ぼう）は「大阪日輪」を相手取り、

「被告は明《あきらか》に不正競争の目的を以て債権者商標に酷似する商号又は看板標識を使用し、以て原告の商標権を侵害し居るものなり。而も被告は前記の如き看板の下に其の店頭には極めて華美誇大的なる装飾を為し、宣伝の為めには規則違反も敢て意とせざるが如き営業方針なれば、一見「日輪」なる名称は恰《あたか》も被告を指称するが如く広く世上に喧伝せられおるの状態にあるを以て、被告に於て不法に右看板類を使用する限り、「日輪」又は之に類似の広告は被告の為め極

めて有効なるに反し、原告は其の必要とする広告を為さんとするも却って権利侵害者たる被告の利益に帰するの奇観を呈するの実情にあるのみならず、被告は昭和五年十二月中及《および》昭和六年二月中規則違反の廉《かど》を以て監督官署たる所轄警察署より注意を受け、其の都度新聞紙上に報道せられ、世上には恰も原告も亦規則違反を敢えてするが如く誤解せられ、名誉信用を失墜すること甚大にして、而も右規則違反も何時《いつ》繰り返さるるやも測られざる実情にあり。斯くの如く原告は被告の権利侵害行為に因り直接間接に精神上の苦痛のみならず営業活動を減殺せられ、経済上甚大の損害を蒙りつつある次第なり。」

と云う理由で、「商号 並《ならびに》看板の使用禁止及設備撤去を求むる訴」を提起した。ところが「大阪日輪」が「営業名義及財産を他に譲渡し其執行を免れんと企て居るの形跡」があるので「東京日輪」はさらに仮処分の申請をした。

しかし「大阪日輪」の方にも言い分がある。即ち自分の方では既に昭和二年から大阪で「日輪」と云う商号を用いてレストランを開いており、爾来東京進出を計画した結果、昭和五年六月初旬から東京市京橋区において「日輪」と云う商号を使用しているのであって、その数ヶ月後に「東京日輪」がその商号を選定登記したのだから、こちらから不正競争をしたのでもなければ、商号権を侵害したのでもない。ことにカフェー、レストランの如き許可営業にあっては、その商号権も営業の許可があって始めてその効力を生ずべきものであるが、「東京日輪」が昭和五年十月二十八日に営業許可を受けているのに対し、「大阪日輪」は十月十六日に既に営業許可を受けているのだから、「大阪日輪」の商号権はむしろ「東京日輪」のそれに優先するものである。それが大阪側の抗弁であった。

「天に二日無し」と云う。東京大阪どちらの「日輪」が勝つかの終局まではまだ知り得ないが、前記仮処分申請に対する昭和六年十月九日東京地方裁判所第八民事部判決（「法律新報」第二七二号二三頁）は一応「東京日輪」の主張を是認し、「大阪日輪」の前記の抗弁に対しては、

「仮りに債務者（大阪日輪）に於て債権者（「東京日輪」）の右商号登記以前既に自己の商号を使用し居たりとするも、商号なるものは之を登記するにあらざれば未だ排他的専用権として成立するものにあらざることを論を俟《ま》たざるのみならず、右一事を以て未だ前記商号看板の使用が不正競争の目的に出でたるものに非ざる事実を認むるに足らず。……次に……カフェー料理店営業に於ける所謂営業免許の効果は単に警察禁止の解除にあり、許可により権利を附与せらるるものにあらず。商号権なるものは商号を登記することにより成立する権利にして、警察許可有無は右私法上の権利成立に何等の消長を及ぼすものにあらず。」

と説明してこれを斥《しりぞ》け、「東京日輪」の申請通りの仮処分を命じた。仮処分命令と云うのはこう云うものだと云う標本までに、左にその「主文」を掲げよう。文中「債権者」とあるのは「東京日輪」、「債務者」とあるのは「大阪日輪」、「別紙目録記載の物件」とあるのは問題の看板標識設備類である。

債権者に於て金五百円の保証を立つることを条件として別紙目録記載の物件に対する債務者の占有を解き債権者の委任したる東京区裁判所執達吏に之が保管を命ず、但し執達吏は債務者の申出により現状を変更せざることを条件とし債務者に之が使用を許すことを得《う》

債務者は第一項記載の物件の占有を他人に移転し又は右物件以外に新《あらた》に之と同様若《も》しくは類似の看板標識等を設置すべからず、執達吏は之が為め適当なる処置を為すことを得
中立費用は債務者の負担とす
債務者は金千円を供託して本件仮処分命令の執行を停止し且《かつ》現に為したる執行処分の取消を求むることを得

◉解 題――

示唆に富む類例のない判例集

村上一博

一、二〇二四年度上半期のＮＨＫ朝の連続テレビ小説『虎に翼』において、初めて女性法曹を生み出した「明律大学女子部法科」（明治大学専門部女子部法科）の教授で、その創設に尽力し、主人公の「猪爪寅子」（三淵嘉子）を法曹の道に誘った恩師として「穂高重親」教授が登場した。この穂高のモデルとされたのが、本書の著者、穂積重遠である。

二、穂積重遠は、一八八三（明治十六）年四月十一日に、東京大学法学部教授であった穂積陳重と歌子の長男として生まれた。父陳重は、「法律進化論」を唱え、明治民法起草者の一人として名高い。「民法出テ、忠孝亡フ」の名（迷？）論文で知られる穂積八束は、陳重の実弟であり、重遠にとっては叔父にあたる。母歌子は、渋沢栄一の長女であり、重遠は渋沢にとって初孫であった。重遠という名前は、渋沢が愛読書の『論語』泰伯篇の一節「任重くして道遠し」から採ったと言われている。このように、文字通りサラブレッドの家系に生まれ、恵まれた教育環境に育った重遠は、父および叔父と同様、東京帝国大学に学び、卒業後は同校の教授となった。もっとも、父と叔父の法学説が衒学的・守旧論的であったのと対照的に、重遠の法学説は庶民的・開明的であり、末弘厳太郎と並ぶ大正デモクラシー法学の担い手として、また「日本家族法学の父」としても広く知られている。

三、本書は、およそ九十年以上前の一九三二（昭和七）年に出版された著作ではあるが、今日においても、法学を学ぶ者にとって（法学をある程度学んだ者にとっても）、示唆に富む、魅力的な叙述に充ちている。

（1）前半の『法学入門』は、「法律ないし裁判に対する私の気持ち」、すなわち重遠の法学に対する考え方をアトランダムに述べたものである。1「何のために法律を学ぶか」では、法律を学ぶ目的は、国家試験に合格するため、実際生活に役立てるためでも、国家社会を知るため、学問的興味のためでも、どんな目的でも構わないと言いながら、①試験勉強の熱心と実際問題解決の切実さがなければ、学問的興味もわかず、真理にも到達できないし、②学問的興味をもって根本原理まで遡らなくては、実際問題も解決できず試験も合格できないだろうと言う。受験勉強も学問研究も表裏一体、学ぶ目的は結局は一つだと言うのである。2「現行成文法」では、いわゆる六法が重要なことは言うまでもないが、六法だけでなく、六法全書に載っている現行法令ぐらいは、その題目だけでも一通り目を通しておくこと、9「実態法と手続法」では、民法・刑法などの実体法はよく勉強する反面、手続法を怠ける学生が多いが、手続法を軽視してはならない。法律発達の歴史を遡ってみても、手続法がまず発生発達してそれが実体法の誘因となるのであり、手続法を学ばなくては実体法の知識も実際に役立たない。実体法を学ぶときは常に手続法を参照すると同時に、主要条文を正確に記憶すべきことは勿論だが、それに留まらず、その他の条文にもひろく眼を配り、法律全体の意味を理解すべきだと説いている。最後の17「条理」と18「善き法律家」では、法律の根本は「条理」すなわち「道理」であって、「法律を通して条理に遡り、条理に基づいて法律を活かす」ことが何より大切で、そうすることで「善き法律家」になれると言う。

『法学入門』は、資格試験合格など目先の利益だけを目的とした受験勉強であっても、法律の条文をその周辺にも眼を配りながら、その条文がよって立つ条理（道理）を理解しながら、広く学び・深く理解することが必要だと説いている。11「法律の用語文章」のような難解な法律用語を解説した節など、今日ではもはや時代遅れの感がある部分もなくはないが、重遠が読者に語りかけている趣旨は、今日でも十分に説得力がある。

（2）後半の『判例百話』は、判例研究あるいは判例批評といった堅苦しいものでなく、「珍しい事件」「面白い裁判」の噂話を集めたにすぎないが、「初めて法律を学ぶ人々の、そしてまた法律は乾燥無味とのみ思い込んでいる人々」の興味をそそるような事例を選んだと、重遠は述べている。

ここではすべての事例を紹介することはできない。解題者は、『虎に翼』の制作に「法律考証」として参加したが、ドラマ中の二件の裁判事例は、『判例百話』から採用したので、この二件を取り上げよう。

一つ目は、寅子が明律大学女子部法科に入学し、初めて東京区裁判所の法廷を傍聴した「物品引渡請求事件」であり、第八八話「妻の衣類調度と夫の権利」を参考にした。ドラマでは、引渡し請求の目的物は、祖父母から受け継いだ着物のみであったが、実際の裁判（昭和六年七月二十四日大審院第二民事部判決）では、嫁入りの際に持参した日用品全般（特有財産）であった。当時の民法（明治民法第八〇一条一項）では、「夫ハ妻ノ財産ヲ管理ス」と規定されていたため、妻に対する夫のDVなどが原因で、別居中（さらには離婚訴訟中）であっても、法律上離婚が成立するまでは、妻は夫に対してこれらの物品の引渡しを求めることはできないことになる。しかし、判決は、そもそも民法が夫に妻の財産に対する管理権を認めているのは、共同生活の平和を維持し、妻の財産を保護するためであって、夫婦生活が事実上破綻していて、妻が所有財産の引渡しを求めた場合に、夫が管理権を主張してこれを拒むのは、妻を苦しめることが目的であると解さざるを得ないから、「権利の濫用」に当たると断じた。ドラマでも、この実際の判決をほぼそのまま用いている。「権利の濫用」を認めた判決としては、昭和十年十月の宇奈月温泉事件判決が有名であるが、それ以前にも「権利の濫用」を認めた判決はいくつか存在しており、重遠は、妻の財産権を保護したこの判決を「実に近来の名判決である」と高く評価している。

二つ目は、久保田聡子（中田正子）が女性弁護士として初めて法廷に立ったときの事例であり、第一二話「妾腹の子を嫡出子出生届」を参考にした。ドラマでは、ベテラン代議士が妾に産ませた子を嫡出子として虚偽の届出をした点にだけ焦点があてられたが、実際の裁判（大正十五年十月十一日大審院第一民事部判決「預け金返還請求事件」）は、より複雑である。原告が未成年者であったため、親権者である母親が代理人として預金返還の訴えを提起したが、被告は、母親が原告の親権者であることを否認し、法律上代理欠缺《けんけつ》の妨訴抗弁を提出した。原告は父親とその妾《めかけ》との間に生れた子であるのに、原告を正妻との間に生れた嫡出子として虚偽の出生届を行ったのであり、母親は原告の親権者ではないと主張したのである。これに対して原告側は、父親が出生届をしたことで認知の効力が発生するから、正妻と原告の間に親子関係が生じると反論した。大審院は、虚偽の出生届が旧戸籍法第二一五条に該当する違法行為（「詐欺ノ届出」）であることは間違いないが、「直ニ該届出カ全然何等ノ効力ヲ生セサルモノト速断」はできない。この届出は、父親が原告を「自己ノ子」であると認めた「意思表示ヲ包含」しているから、本件のような妾腹の子である場合、この届出により私生子認知の効力を生じると解するのが相当である。したがって、原告は父親（既に死亡）の庶子であり、原告と正妻との間には親子関係が生じ、正妻は母親として法定代理人たる資格があると判示した。重遠はさらに注記して、大正四年戸籍法には旧二一五条のような規定はないが、父親は、刑法第一五七条に定める、公務員に対する虚偽の申立により公正証書原本に不実の記載をなした者に該当するから、行政罰を課される旨を補足している。『判例百話』には、第三八話「大審院の男子貞操論」のような著名な判例も収められているが、ほとんどの判例は、およそ普通の判例解説書には掲載されていない、ユニークで珍しいものばかりである。確かに、重遠自身が言っているように、判例紹介にとどまっており、学術的に学説・判例を検討したものではないが、無味乾燥な杓子定規の法律解釈でなく、血の通った人間味ある判決が集められており、法律解釈の面白さを生き生きと伝えてくれる他に類例のない判例集であると言えよう。

（明治大学法学部教授）

＊本書は、穂積重遠著『判例百話――法学入門』（日本評論社、一九三二年三月刊）を、改題復刊したものです。復刊に際し、新字新仮名遣いに改め、また、難字にはルビを振り、また平仮名に直したりしました。送り仮名を今日ふうにしたところもあります。なお、引用の条文類に関しては、片仮名表記を平仮名に統一しました。各表記は当時の時代状況を鑑みそのままとしております。原本刊行時から現在に至るまで、法改正等により条文等に変更の場合があることも付記します。

穂積重遠

（ほづみ・しげとお）

1883年、東京生まれ。法学者・民法学者。父は法学者の穂積陳重、祖父は実業家の渋沢栄一。東京帝国大学法学部卒業後、同大教授、法学部長に。「日本家族法の父」と称された。貴族院議員を経て、戦後、最高裁判事を務める。民法改正を念頭に、親族編、相続編関連の調査を提案。平塚らいてう、高群逸枝などの社会運動家を支援、女権拡張に貢献した。「児童虐待防止法」（戦後、児童福祉法に発展）を制定。女性法律家の育成にも尽力し、明治大学専門部女子部法科の創設に寄与し、1938年には三淵嘉子ら三人の女性が高等文官試験司法科に合格、日本初の女性弁護士が誕生した。また、最高裁判事時代に、刑法二百条（尊属殺重罰の規定）の違憲性を主張、没後の1973年に大法廷判決により違憲判決が下る。1951年、逝去。著書に、『民法総論』『婦人問題講話』『親族法』『新訳論語』『私たちの憲法』『百万人の法律学』などがある。

明治大正昭和 判例百話

二〇二四年一〇月二〇日　初版印刷
二〇二四年一〇月三〇日　初版発行

著　者――穂積重遠
発行者――小野寺優
発行所――株式会社河出書房新社
〒一六二-八五四四
東京都新宿区東五軒町二-一三
電話
〇三-三四〇四-一二〇一〔営業〕
〇三-三四〇四-八六一一〔編集〕
https://www.kawade.co.jp/

組　版――株式会社ステラ
印　刷――モリモト印刷株式会社
製　本――小泉製本株式会社

ISBN978-4-309-22940-9
Printed in Japan